Warum?

Natalie
Katia
Greve

WARUM?

Der Begleiter für Trauernde nach dem Suizid eines geliebten Menschen

Patmos Verlag

INHALT

Liebe Leserin, lieber Leser,

… wahrscheinlich ist der Grund, aus dem du dieses Buch gerade in den Händen hältst, ein trauriger und dennoch – oder gerade deswegen – möchte ich dir sagen: Schön, dass du da bist!
Du fragst dich vielleicht, wie ich dazu komme, dieses Buch zu schreiben. Darf ich mich dir kurz vorstellen? Ich bin Natalie und nun schon seit vielen Jahren Trauerbegleiterin, Heilpraktikerin für Psychotherapie und Coach.

In dieser Zeit habe ich viele Menschen begleiten dürfen, die einen geliebten Menschen durch Suizid verloren haben. Noch wichtiger für dich ist vielleicht, dass ich auch eine Suizidhinterbliebene bin. Vor einigen Jahren hat sich mein Verlobter nach schweren Depressionen das Leben genommen. Natürlich weiß ich nicht genau, wie du dich gerade fühlst, aber ich habe festgestellt, dass uns alle ähnliche Fragen und Gefühle begleiten.

Meine Fragen von damals und die, die mir Hinterbliebene heute in Trauerbegleitungen stellen, habe ich in diesem Büchlein zusammengetragen. Einiges, was du hier liest, basiert auf wissenschaftlichen Erkenntnissen, Studien und Statistiken, anderes resultiert aus meiner täglichen Arbeit mit Suizidhinterbliebenen oder auch aus meiner eigenen Erfahrung.

Ich wünsche mir sehr, dass dieses Büchlein genau das für dich wird, was das Wort „Begleiter" auch aussagt: ein Weggefährte mit Informationen, Übungen, Fragen und freien Seiten für deine eigenen Gedanken. Ob du etwas hineinschreiben möchtest oder lieber nicht, welche Kapitel du liest und wann du sie liest, all das entscheidest ganz allein du, denn nur du weißt, was für dich richtig ist.

Manche Kapitel sind für dich vielleicht nicht mehr, noch nicht oder gar nicht interessant. Die Kapitel können alle für sich selbst stehen, deswegen kannst du immer das lesen, was du gerade lesen möchtest, und kannst einige auch getrost weglassen.

Ganz wichtig ist mir, dass du dich niemals dazu zwingst, etwas zu lesen oder zu tun. Wenn etwas dir ein ungutes Gefühl macht oder dich überfordert, dann lass es einfach weg oder schau es dir einige Zeit später nochmal an.

Bei manchen Themen oder in manchen Situationen ist eventuell mehr Unterstützung notwendig, zum Beispiel durch eine professionelle Person. Zögere bitte nicht, dir diese Hilfe zu suchen. Und noch etwas: Trauerarbeit ist sehr anstrengend,

deshalb ist es wichtig, dass du gut auf dich aufpasst und liebevoll auf dich schaust.
Ich habe noch eine große Bitte an dich: Wenn du zurzeit selbst unter Suizidgedanken leidest, dann hole dir bitte Hilfe (Anlaufstellen findest du zum Beispiel in der Adressliste am Ende des Buches). Es ist ein Zeichen von Stärke, sich Hilfe zu holen. Und auch wenn es dir vielleicht schwerfällt, es zu glauben: Du bist sehr wertvoll und hast es verdient, dass Menschen dir helfen. Das weiß ich von ganzem Herzen.
Vielleicht liest du dieses Buch auch, weil du jemanden begleitest, der eine geliebte Person durch Suizid verloren hat. Das freut mich sehr. Schau doch einfach, welche Kapitel dir dabei helfen können, und die anderen lässt du weg.
Mir hat mal jemand gesagt: Es gibt ein Leben vor und ein Leben nach dem Suizid und das danach ist anders, aber es kann auch wieder gut werden. Ich durfte erfahren, dass das stimmt, und das wünsche ich dir von ganzem Herzen auch.
Danke, dass ich dich ein Stück begleiten darf.

ALLES LIEBE,
DEINE Natalie

Was ist eigentlich Trauer?

Trauer bezeichnet einen emotionalen Gemütszustand nach einem Verlust. Zu diesem Zustand gehören viele unterschiedliche Facetten wie zum Beispiel Traurigkeit, Wut, Schuld oder Scham.

Die Trauer hilft dir, dich an ein Leben ohne den geliebten Menschen anzupassen. Sie ist deine Freundin und nicht deine Feindin, auch wenn sich das manchmal ganz anders anfühlt. Wir müssen trauern, um weitergehen zu können, und dabei betrauern wir den Verstorbenen genauso wie alles, was war und nicht mehr sein wird.
Trauer ist keine Krankheit, sondern ein sich immer wieder verändernder Anpassungsprozess. Auch wenn wir das manchmal nicht merken: Die Trauer bleibt nicht gleich.

Jeder Mensch trauert anders. Was für dich richtig ist, das weißt nur du. Das kann kein anderer für dich entscheiden, so gut derjenige es vielleicht auch meint.
In jedem Fall ist es so, dass Trauer eine der stärksten Stressreaktionen für den menschlichen Organismus darstellt. Deshalb ist es wichtig, dass du gut auf dich aufpasst, denn du leistest schwere Arbeit. Bitte achte darauf, dass du ausreichend Wasser trinkst, wenn möglich regelmäßig isst und dich bewegst. Und du kannst nicht durchgehend aktiv trauern. Es ist wichtig, dass du dir immer wieder Auszeiten nimmst.

Suizid

Von Suizid sprechen wir, wenn ein Mensch sich absichtlich so sehr selbst schädigt, dass er dabei stirbt. Das kann aktiv erfolgen oder auch passiv, zum Beispiel, indem lebensnotwendige Medikamente weggelassen werden.

Irrtümlich und weil es früher so bezeichnet wurde, sprechen viele Menschen immer noch von Selbstmord. Doch Mord ist ein Straftatbestand und der liegt hier nicht vor. Menschen, die sich das Leben nehmen, sind zumeist krank und sehr verzweifelt. Deshalb sprechen wir von Suizid, was so viel bedeutet wie „sich selbst töten". Auch spreche ich nicht von Freitod, da der größte Teil der Menschen sich auf Basis einer psychischen Erkrankung suizidiert, was in meinen Augen keine objektive Freiheit darstellt. Menschen, die einen Suizidversuch überlebt haben, berichten auch von einer Einengung und nicht von einer Freiheit im Moment des Suizides. Vielleicht entscheiden einige Menschen im Rahmen der Erkrankung frei, aber ohne die Erkrankung würde es gar nicht erst zur Suizidalität kommen.
Ich habe festgestellt, dass es für Suizidhinterbliebene ganz wichtig ist, in welcher Form wir von dem Geschehenen sprechen, denn Worte haben eine große Macht.

Wie ist das für dich?

Trauer nach Suizid

Was unterscheidet die Trauer nach einem Suizid von der Trauer nach einem anderen Todesfall? Ein Suizid erscheint unfassbar, weil Menschen eigentlich versuchen, ihr Leben zu erhalten. Selbst wenn wir traurig sind, gehen wir instinktiv Gefahren aus dem Weg.

Die meisten Suizide resultieren aus einer psychischen Erkrankung, bei der wir, anders als bei einer physischen Erkrankung, selten von einer Todesfolge ausgehen. Deshalb erleben wir den Suizid oft als unerwartet und können den Tod gar nicht begreifen. Dazu kommen dann noch polizeiliche Ermittlungen, die nach einem Suizid zwingend sind, aufgrund derer der Leichnam unseres geliebten Menschen erst einige Zeit später freigegeben wird.
Viele beschäftigt der Gedanke, dass der geliebte Mensch es selbst entschieden und gemacht hat. Es fühlt sich so freiwillig an, auch wenn es das zumeist nicht ist.
So viele Fragen bleiben nach einem Suizid unbeantwortet, vor allem die Fragen nach dem Warum und vielleicht auch die Fragen: Was hätte ich tun können? Hätte ich es verhindern können?
Bei vielen Suizidhinterbliebenen erleben wir, dass sie sich schuldig fühlen oder sich schämen. Suizid ist nach wie vor ein Tabu, auch wenn sich das glücklicherweise schon ändert.
Vielleicht fragst du dich auch, warum der geliebte Mensch nicht an dich oder euch gedacht hat, oder du bist wütend und verzweifelt und stellst eure ganze Beziehung infrage. All das sind Dinge, die nach einem Suizid passieren können.
Manche Menschen erschrecken sich vor dem Verstorbenen, weil ein Suizid die massivste Form der Autoaggression ist.
Wer war der Mensch, den ich zu kennen glaubte?
All diese Faktoren machen die Trauer nach einem Suizid anders und können den Trauerprozess erschweren.

Trauerphasen und Traueraufgaben

In der Trauer fühlen wir uns oft orientierungslos. Wir wissen nicht, wie uns geschieht und was mit uns passiert. Deshalb möchte ich dir hier zwei Trauermodelle vorstellen, die dir vielleicht ein wenig erklären können, was du durchmachst. Wichtig ist zu bedenken, dass es sich um Modelle handelt. Jeder Mensch ist anders und jede Trauer ist individuell. Auch verlaufen die Phasen und Aufgaben nicht immer linear hintereinander.

Mal überspringst du eine, mal fällst du vielleicht wieder zurück und mal scheinen mehrere gleichzeitig da zu sein. All das ist völlig normal.
Auch wenn es dir schwerfällt, dies zu glauben, so ist Trauer doch ein Anpassungsprozess, den du zu einigen Teilen selbst gestalten kannst. Ich weiß, dass das anstrengend und manchmal unmöglich erscheint, aber ich weiß auch, dass du das jetzt schon tust, weil du dieses Buch liest.
Verena Kast, eine Schweizer Psychologin, hat vier Trauerphasen definiert, der Trauerforscher James William Worden vier Traueraufgaben. Ich habe beide Modelle hier einmal zusammengefügt.

1. PHASE: „NICHT WAHRHABEN WOLLEN"

Alles fühlt sich falsch und unwirklich an. Du hast das Gefühl, im „falschen Film" zu sein, und kannst viele Emotionen gar nicht spüren. Dieser Schockzustand dauert umso länger, je mehr du von dem Suizid überrascht worden bist.

Traueraufgabe: Den Verlust als Realität akzeptieren

In dieser Phase geht es darum, dass wir Stück für Stück – nicht nur intellektuell, sondern vor allem emotional – verstehen, dass der geliebte Mensch verstorben ist. Mal realisierst du das vielleicht und mal ist es absolut unwirklich. Das ist ein Abwehrmechanismus, der dich schützen will, und erstmal völlig normal.

2. PHASE: „AUFBRECHENDE EMOTIONEN“

Die Emotionen bahnen sich ihren Weg. Schuld, Scham, Angst, Wut, Traurigkeit und viele andere Gefühle lassen dich eine emotionale Achterbahn erleben.

Traueraufgabe: Den Schmerz verarbeiten

Auch wenn es schmerzhaft und anstrengend ist, ist es ganz wichtig, die eigenen Gefühle zu durchleben. Sie wollen dir helfen, dich an die neue Situation anzupassen. Dabei gibt es keine „falschen“ Emotionen. Alles, was du spürst, ist in Ordnung und hat seine Berechtigung.

3. PHASE: „SUCHEN, FINDEN UND SICH TRENNEN“

Hier suchen wir den Verstorbenen bewusst oder unbewusst an Orten oder in gemeinsamen Erinnerungen. Dabei werden wir immer wieder mit der Realität konfrontiert, dass er nicht wiederkommt. Wir bewahren einen Teil unserer Beziehung durch dieses „Sammeln“ von Eindrücken. Der geliebte Mensch wird zu einem inneren Begleiter, mit dem wir im Inneren sprechen können. So lassen sich auch offene Dinge noch klären.

Traueraufgabe: Sich an eine Welt ohne den Verstorbenen anpassen

So vieles hat sich verändert in deinem Inneren, deinem Umfeld, deinem Alltag, deinen Werten und Vorstellungen. Wer bist du jetzt und was möchtest du? Diese Fragen stellen sich hier.

4. PHASE: NEUER SELBST- UND WELTBEZUG

Weitestgehend haben wir den Verlust akzeptiert und unser Leben neu eingerichtet. Vieles hat sich verändert, häufig auch unsere Werte und Prioritäten. Manche gehen neue Wege. Der geliebte Verstorbene bleibt in unserer Erinnerung Teil dieses Lebens.

Traueraufgabe: Eine dauerhafte Verbindung zu dem Verstorbenen inmitten des Aufbruchs in ein neues Leben finden

Du öffnest dich wieder für das Leben, neue Begegnungen und Erfahrungen. Die Gedanken kreisen weniger um den Verstorbenen und den Suizid. Der geliebte Mensch hat einen neuen Platz in deinem Herzen gefunden, sodass du weiterleben kannst. Eure Liebe und Verbindung bleiben immer bestehen.

Ein paar Zahlen

Viele Suizidhinterbliebene suchen nach Antworten, wollen verstehen, was so schwierig zu verstehen ist. Auch nüchterne Fakten und Zahlen helfen manchmal dabei, mit der Katastrophe umzugehen. Vieles ist zwar noch unerforscht, aber das, was bekannt ist, kann das Unbegreifliche etwas greifbarer machen.

Oft denken wir, wir sind die Einzigen, die einen geliebten Menschen durch Suizid verloren haben. Leider ist es aber so, dass sich in Deutschland ca. 9.000 Menschen pro Jahr suizidieren (Stand 2019). Dazu kommt eine Dunkelziffer von ca. 25 Prozent. Damit nehmen sich mehr Menschen das Leben als durch Verkehrsunfälle, Mord, Drogen und Aids zusammen sterben. Bei Jugendlichen und jungen Erwachsenen ist Suizid leider sogar die zweithäufigste Todesursache.
Die Anzahl der Suizide ist in den letzten Jahren deutlich zurückgegangen, was sicher auch auf mehr Aufklärung und ein wachsendes Bewusstsein für psychische Erkrankungen zurückzuführen ist.
Zwei Drittel der Menschen, die sich das Leben nehmen, sind Männer. Bei den ca. 100.000 Suizidversuchen pro Jahr sind die Frauen in der Mehrheit.
Laut der Weltgesundheitsorganisation hinterlässt jeder Mensch, der sich das Leben nimmt, mindestens sechs nahestehende Personen. Dazu kommen noch gute Bekannte, Kolleginnen und Kollegen etc. Wir sind also leider ganz viele, die dasselbe Schicksal teilen.

Gründe für einen Suizid

Die Ursachen für einen Suizid sind komplex. Es spielen zumeist mehrere Faktoren eine Rolle. Man geht davon aus, dass ca. 90 Prozent aller Menschen, die sich das Leben nehmen, eine psychische Erkrankung hatten. In mehr als der Hälfte der Fälle litten die betreffenden Personen an Depressionen.

Auch Menschen, die zum Beispiel an Schizophrenie erkranken, suchtkrank sind oder traumatische Erfahrungen haben, sind gefährdet. Bereits erfolgte Suizidversuche, Suizide in der Familiengeschichte, ein höheres Lebensalter und wenig soziale Bindungen gelten als Risikofaktoren. Kritische äußere Erlebnisse, die mit großer Hoffnungslosigkeit verbunden sind, wie zum Beispiel Partnerschaftskonflikte, chronische Erkrankungen, Mobbing oder Jobverlust, können suizidale Handlungen auslösen.
Menschen, die sich das Leben nehmen, handeln aus einer großen inneren seelischen Not.
Mir hat einmal jemand gesagt, dass Depressionen der Krebs der Seele sind, und das hat mir ein wenig geholfen zu verstehen.
Und noch eine Aussage finde ich ganz wichtig, um das Geschehene ein wenig greifbarer zu machen: Suizid ist das Ergebnis einer Biografie und nicht einer einzelnen Beziehung.

Psychische Erkrankungen verändern das Denken und die Stimmungslage

Es ist schwer zu verstehen, dass der:die Verstorbene sich das Leben genommen hat, obwohl es doch vielleicht so viele Gründe gab zu kämpfen. Und wie ist es eigentlich möglich, sich selbst das Leben zu nehmen, wo wir doch alle von Natur aus auf Lebenserhaltung gepolt sind?

Psychische Erkrankungen verändern das Denken und die Stimmungslage. Erkrankte haben häufig ein negatives Selbstbild. Ihre Gedanken drehen sich oft um die eigene Wertlosigkeit und die Sinnlosigkeit des Lebens. Häufig kommt es zu wahnhaften Gedanken, wie zum Beispiel Vorstellungen von Verarmung, Verfolgung etc. Das Schlimme ist, dass es uns trotz aller Bemühungen zumeist nicht möglich ist, diesen Menschen das Gegenteil zu beweisen.
Auch fühlen sich viele suizidale Menschen nicht mehr zugehörig. Sie neigen zu Katastrophisierungen, das heißt, sie malen sich die Folgen von etwas noch viel schlimmer und dunkler aus, als sie eigentlich sind. Oder sie haben das Gefühl, dass ihnen keine Handlungsoptionen mehr zur Verfügung stehen. Auch dies ist zumeist ein subjektives Erleben.
Zu all diesen Gedanken kommt eine veränderte Stimmungslage hinzu, die entweder gedrückt ist, zum Beispiel bei einer Depression, oder gesteigert, wie zum Beispiel bei einer Manie. Viele psychisch erkrankte Menschen berichten von einem hohen Leidensdruck, einer großen Anstrengung und davon, dass sie ihre Ruhe haben wollen. Ein Suizid erscheint dann als eine plausible Lösung.
Aus Gesprächen mit Menschen, die einen Suizidversuch überlebt haben, weiß ich, dass viele dachten, es wäre für die Hinterbliebenen besser, wenn sie nicht mehr da wären. Auch waren die endgültigen Auslöser für den Suizidversuch häufig keine einschneidenden Begebenheiten, eher kleine und vielleicht gar nicht so bedeutend erscheinende Ereignisse, die das Fass zum Überlaufen gebracht haben.

MYTHEN über Suizid

Es gibt viele Mythen über Suizid und Suizidalität, also den Zustand, in dem eine Suizidgefährdung vorliegt. Der am weitesten verbreitete ist sicherlich, dass ein Mensch, der seinen Suizid ankündigt, es nicht tut. Das ist definitiv falsch. Es wird davon ausgegangen, dass ca. 75 Prozent aller Suizide direkt oder indirekt angekündigt worden sind.

Dabei ist es aber häufig so, dass wir die Aussagen der suizidalen Menschen nicht richtig deuten können oder sie vielleicht auch nicht ernst nehmen. Wir sind oft viel zu nah dran an der Person und können uns gar nicht vorstellen, dass diese sich das Leben nehmen könnte.

„Das Leben wird vorwärts gelebt und rückwärts verstanden", hat der dänische Philosoph Søren Kierkegaard einmal gesagt. So ist es auch hier. Viele Informationen haben wir erst später, vieles können wir erst nach dem Suizid richtig einordnen. Und auch wenn wir alles vorher wüssten: Es ist sehr schwierig, einen Menschen im Leben zu halten, der in dem Moment so sehr leidet, dass er sterben möchte.

Ein weiterer Mythos ist der, dass wir einen Suizid auslösen, wenn wir Menschen auf ihre Suizidgefährdung ansprechen. Das Gegenteil ist der Fall: Viele Menschen sind erleichtert, wenn sie über ihre Suizidgedanken sprechen dürfen, und suchen sich dann eher Hilfe. Wenn du also bei einem Menschen in deinem Umfeld Suizidabsichten befürchtest, dann sprich diese Person darauf an und zeige ihr auf, dass es Hilfe gibt.

Im Rahmen einer Erkrankung ist Suizidalität zumeist nur temporär da und sie kann wieder vorbeigehen, auch wenn die Betroffenen es sich kaum vorstellen können.

Als Suizidhinterbliebene:r bist du statistisch betrachtet überdurchschnittlich gefährdet, dir selbst das Leben zu nehmen. Wenn du Suizidgedanken hast, dann versuche, darüber zu sprechen und dir Hilfe zu holen. Du bist nicht allein, auch wenn es sich so anfühlen mag.

Ambivalente Gefühle

Unter Ambivalenz versteht man das Nebeneinander von gegensätzlichen Gefühlen, Gedanken und Aussagen. In der einen Sekunde bist du traurig, in der nächsten vielleicht wütend und dann verzweifelt. Du denkst so etwas wie: „Ich liebe dich und ich bin so böse auf dich." Oder du willst jetzt ganz schnell etwas umsetzen und dann erscheint es dir völlig unsinnig.

Diese Ambivalenz finden wir häufig in Trauerprozessen. Sie erzeugt im Inneren eine große Spannung. Vieles ist nicht greifbar, wir fühlen uns, als würden wir in einer Achterbahn sitzen, die wir nicht anhalten können. Vielleicht hilft es dir zu wissen, dass es weder nur dir so geht noch dass du verrückt bist. Wenn das Wirrwarr zu viel wird, dann versuche, dich wie ein kleiner Vogel von oben zu betrachten. Dadurch verringert sich häufig der Druck und wir können die Ambivalenzen besser annehmen.
Voraussichtlich wird es im Laufe deines Trauerprozesses noch oft zu Ambivalenzen kommen. Bitte bedenke das, wenn du wichtige Entscheidungen treffen musst, wie zum Beispiel einen Umzug oder Ähnliches. Gerade in der Trauer ist es gut, sich für solche Entscheidungen viel Zeit zu nehmen. Vielleicht

hilft es dir, eine Liste zu machen von den Dingen, die für die eine oder für die andere Seite sprechen. Das entlastet dein Gehirn und kann auf Dauer zu mehr Klarheit und einer passenden Entscheidung führen.

Was spricht dafür?

Was spricht dagegen?

Wolltest du das wirklich?

Diese Frage stellen sich viele Hinterbliebene und sie ist ganz sicher nicht pauschal zu beantworten. Die meisten Suizide entstehen aus einer Krise oder einer Krankheitsphase, in welcher der Wunsch zu sterben vorhanden ist und als ein möglicher Ausweg aus der leidvollen Situation erscheint. Diese Phasen lassen sich häufig mit professioneller Hilfe und gegebenenfalls mit Medikamenten überwinden.
Leider sehen die Betroffenen diese Lösungen zumeist nicht mehr und können sich nicht vorstellen, dass diese schlimme Phase vorbeigehen kann. Dann ist der Suizid der einzige noch gangbare Weg.

Die Frage nach dem Warum

Unser Gehirn versucht, mit der Frage nach dem Warum das Unfassbare greifbarer zu machen. Denn nach einem Suizid bleiben so viele Fragen offen und die Person, die sie beantworten könnte, ist nicht mehr da.

Um die Frage nach dem Warum zu beantworten, tun sich sehr viele Menschen selbst weh. Sie suchen im Internet nach Antworten und konfrontieren sich dabei mit Informationen, die häufig kaum ertragbar sind. Dennoch verstehe ich, warum sie es tun. Die Frage nach dem Warum bestimmt gerade in der ersten Zeit oft das gesamte Denken der Hinterbliebenen.

Leider wird es bei den meisten so sein, dass sich die Frage niemals ganz beantworten lässt. Aus meiner Erfahrung weiß ich aber, dass wir einen Teil der Antworten in uns selbst finden können. Ganz tief in uns wissen wir zumeist, was der Verstorbene uns antworten würde oder wovon wir selbst überzeugt sind. Sich damit auseinanderzusetzen, kann uns helfen, mehr Frieden zu finden, auch mit dem Teil, der unbeantwortet bleiben wird.

Übung: Warum hast du das getan?

Um die Frage nach dem Warum zumindest teilweise zu beantworten, kann es helfen, alles runterzuschreiben, was dir dazu einfällt. Nimm dir ein Blatt Papier und schreibe als Überschrift: WARUM?

Und dann überlässt du deinem Unterbewusstsein die Antworten und schreibst unzensiert alles auf, was es dir schickt. Du kannst später noch einmal nachspüren, was sich davon richtig anfühlt und was nicht. Manchmal sind mehrere Schritte notwendig: schreiben, sacken lassen, schreiben, sacken lassen usw. Nimm dir für diese Übung ruhig Zeit.

Eine weitere Möglichkeit ist, sich aus der Sicht der:des Verstorbenen selbst einen Brief zu schreiben. Was würde in diesem Brief stehen? Was würde der:die Verstorbene dir auf deine Fragen antworten? Schreibe alles auf, was dir einfällt. Du kannst diesen Brief dann behalten, verbrennen oder wegwerfen.

Wer kann mich in meiner Trauer halten?

Ein Suizid stellt das ganze Leben auf den Kopf und so viele Dinge infrage. Die unterschiedlichen Emotionen sind anstrengend und in vielen Momenten spüren wir große Ohnmacht und tiefe Verzweiflung.

Nicht immer sind Menschen da, die uns tröstend in den Arm nehmen können. Oft fühlen wir uns auch unverstanden oder empfinden es als zu kräftezehrend, uns zu erklären.
Unser Gehirn denkt in Bildern und Bilder sind heilsam. Stell dir selbst symbolisch ein Wesen an die Seite, das dich so annimmt, wie du bist, mit all deinen Gefühlen und Fragen. Male dir aus, wie dieses Wesen aussieht, wie es dir Trost spendet, dir einige deiner Fragen beantwortet und dir einen Teil deiner Last abnimmt.
Fällt dir etwas ein? Es kann ein Tier, ein Engel, ein Fabelwesen sein oder eine Farbe, die sich schützend um dich legt. Es erscheint immer dann, wenn du es brauchst, und du kannst es jederzeit an deine Bedürfnisse anpassen.

Wie sieht dein Begleiter aus?

WAS TUT MIR GUT?

Manchmal vergessen wir in der Trauer, was uns guttut, was uns unterstützen kann und was vorher hilfreich war.

Schreibe dir eine Liste mit all den Dingen, die dir einfallen, und lege dir diese gut sichtbar hin. Du kannst diese Liste immer wieder erweitern oder auch Dinge streichen, die sich nicht mehr richtig anfühlen. Immer, wenn du es brauchst, kannst du dir etwas aussuchen und musst nicht nachdenken. Versuche einmal hinzufühlen, ob sich etwas gut anfühlt. Sonst nimmst du einfach das aus der Liste, was dir als Erstes ins Auge fällt. Vielleicht zeigt dir dein Körper, was er sich jetzt wünscht, zum Beispiel einen Kaffee trinken, einen Spaziergang machen, ein bisschen schlafen.
Begrenze deine „aktiven Trauerzeiten", wie zum Beispiel die Arbeit mit diesem Buch, auf eine Stunde pro Tag, stelle dir einen Wecker und gönne dir dann eine Auszeit sowie eine Belohnung für all das, was du geleistet hast. Dein Unterbewusstsein arbeitet sowieso für dich weiter. Da bin ich mir sicher.

Hier kannst du eintragen, was dir gut tut:

Einsamkeit

Vielleicht fühlst du dich nach dem Suizid deines geliebten Menschen unendlich einsam und verlassen.

Es fühlt sich an, als würde ein Teil von dir fehlen, als wäre ein Teil von dir selbst gestorben. Wir können uns auch dann einsam fühlen, wenn viele Menschen um uns herum sind. Es ist eine innere Einsamkeit, die Trauernde besonders häufig nachts beschleicht. Jetzt ist es wichtig, dass du dich gut um dich kümmerst. Wickle dich eng in eine Decke ein oder mach dir eine Wärmflasche. Auch ein Kuscheltier kann dir ein kleines bisschen Geborgenheit vermitteln, selbst wenn du schon erwachsen bist. Wenn du es zulassen kannst, dann ist es natürlich noch schöner, wenn ein Mensch dich in den Arm nimmt. Einsamkeit braucht Trost und Halt.

Was hilft dir, wenn du dich einsam fühlst?

Ich bin so wütend

Wut ist ein Abwehrmechanismus. Wir sind wütend, wenn wir ungerecht behandelt wurden oder wenn wir eine Situation nicht annehmen können. Wut gehört zu den menschlichen Grundgefühlen, gleichzeitig ist sie oft so schwer anzunehmen.

Manche Hinterbliebene sind direkt nach dem Suizid wütend, andere finden dieses Gefühl im Laufe ihres Trauerprozesses und manche haben es gar nicht. Alles ist total in Ordnung. Viele Menschen finden es schwierig, wütend auf jemanden zu sein, der so verzweifelt war, sich selbst das Leben zu nehmen. Andere denken, dass der Verstorbene dann denken könnte, sie würden ihn nicht mehr lieben.
Ich verstehe diese Gedanken und gleichzeitig bitte ich dich zu bedenken, dass du ja sicher auch mal wütend oder böse auf die Person warst, als sie noch gelebt hat. Und das hat nichts an deiner Liebe geändert. So ist es auch jetzt: Du darfst wütend sein und gleichzeitig den Menschen lieben und vermissen.
Oft sind wir wütend, weil wir uns im Stich gelassen fühlen und lernen müssen, mit dem Suizid zu leben, obwohl wir nie nach unserer Meinung gefragt wurden. Als Hinterbliebene sind wir eine Art Kollateralschaden. Wir haben kein Mitspracherecht gehabt und müssen jetzt doch mit den Folgen leben. Das ist ungerecht und kann wütend machen, auch wenn wir den verstorbenen Menschen lieben und wissen, dass der Suizid wahrscheinlich die Folge einer Krankheit oder Krise war.
Wut, die gelebt werden darf, kann viel Energie freisetzen. Erlaube dir, wütend zu sein. Du kannst laut schreien, auch in ein Kissen oder im Auto, wenn dir das einfacher erscheint. Du kannst mit einer Poolnudel auf eine Matratze schlagen, irgendwo gegentreten oder dich beim Sport verausgaben. Die Energie muss raus, denn wenn Wut unterdrückt wird, dann kann sie sehr destruktiv werden und vielleicht tust du dir dann selbst weh, greifst andere Menschen verbal an oder kümmerst dich nicht gut um dich.
Bei allem, was du tust, bitte ich dich, auf dich zu achten und dich nicht zu verletzen.

Wie spürst du deine Wut?
Was kann dir helfen, deine Wut zu leben?

Darf ich traurig sein?

Viele von uns fragen sich, ob sie eigentlich traurig sein dürfen, wenn der geliebte Mensch ja anscheinend „freiwillig" nicht mehr leben wollte. Viele denken, dass es egoistisch ist, jetzt traurig und vielleicht auch verzweifelt zu sein.

Alle unsere Emotionen und Gefühle haben einen Sinn. Der geliebte Mensch hinterlässt ein große Lücke, wir haben Sehnsucht nach ihm oder ihr und das Vermissen ist so schmerzhaft. Die Traurigkeit hilft dir, dich mit den Geschehnissen auseinanderzusetzen und das Gewesene zu betrauern, um weitergehen zu können.
Deshalb darfst du natürlich traurig sein. Zumeist betrauern wir nicht nur den geliebten Menschen, sondern alles, was durch seinen Tod nicht mehr da ist. Die gemeinsamen Erlebnisse, die geplante Zukunft, die schönen Rituale und Unternehmungen. Wir müssen von all dem Abschied nehmen, was gewesen ist und leider nie wieder sein wird. Das ist traurig und darf betrauert werden.
Ich habe einmal ein wunderschönes Zitat von Gitta Deutsch gelesen: „Du warst es wert, so sehr geliebt zu werden. Du bist es wert, dass so viel Traurigkeit geblieben ist an deiner Stelle.“ Ich finde, dieses Zitat spricht für sich, oder?

Was oder wer hilft dir, wenn du so traurig bist?

Ich habe Angst

Angst ist eine häufige Begleiterin vor einem Suizid, aber auch danach. Wurde der Suizid angekündigt, war der geliebte Mensch psychisch krank oder gab es sogar schon einen Suizidversuch, dann ist die ständige Angst davor da, dass es tatsächlich oder nochmal passiert.

Häufig ahnen wir auch nur, dass etwas Schlimmes passieren kann und wird. Denn wir nehmen mehr auf der unbewussten Ebene wahr, als wir glauben. Dieses unbewusste Gefühl kann sich in Verunsicherung und Angstgefühlen äußern.
Oft bleibt die Angst auch nach dem Suizid oder stellt sich dann erst ein. Der gewaltvolle Tod, die unbegreifliche Endgültigkeit, die ungewisse Zukunft, all das kann Angst machen. Diese kann sich in unterschiedlichen Formen äußern: ständige Nervosität, Angst vor Dunkelheit, aber auch Angst davor, dass auch andere geliebte Wesen sterben. Die Palette ist groß. Wichtig ist: Es gibt keinen Grund, sich dafür zu schämen. Deine Reaktion ist absolut berechtigt.

In der Angst reagieren wir, wie die Tiere, auf drei verschiedene Arten. Wir greifen an, das heißt, wir verfallen in Aktionismus oder werden aggressiv. Alternativ ziehen wir uns zurück im Sinne einer Flucht. Oder wir stellen uns tot und wollen nicht begreifen, was passiert ist.
Es kann dir helfen, bewusst zu atmen, ganz langsam ein Glas Wasser zu trinken und deinen Körper zu spüren, um mehr ins Bewusstsein im Hier und Jetzt zu kommen. Fokussiere dich auf etwas, zum Beispiel einen Gegenstand, und beschreibe ihn dir selbst. Wie sieht er aus, wie fühlt er sich an etc.? Damit lenkst du deine Aufmerksamkeit ein wenig aus dem Innen ins Außen. Auch kannst du dir mit der flachen Hand vorsichtig auf den Brustkorb klopfen. Hier sitzt deine Thymusdrüse, die die Lebensenergie steuert. Massage, abklopfen, dehnen, laufen – all das sind keine Wundermittel, aber oftmals hilfreich.

Wie reagierst du, wenn du Angst hast,
und was tust du, um dir selbst zu helfen?

Ich fühle nichts

Es kann sein, dass du nach dem Suizid deines geliebten Menschen in einen Zustand kommst, in dem du deine Gefühle und häufig auch deinen Körper nicht mehr richtig wahrnimmst, nichts mehr fühlen kannst.

Es handelt sich dabei um eine Schutzfunktion deines Organismus'. Teile deiner Psyche und deines Körpers spalten sich ab, um die unangenehmen Gefühle und Symptome nicht mehr zu spüren. Diesen Vorgang nennt man Dissoziation. Das ist zunächst einmal eine schlaue Reaktion, aber auf Dauer ist es wichtig, dass du deine Emotionen durchlebst, denn der Weg hinaus führt hindurch.

Bei kurzzeitigen Dissoziationen kann es hilfreich sein, äußere Reize zu setzen, die dich wieder mit dem Hier und Jetzt und somit mit deinen Gefühlen sowie deinem Körper in Verbindung bringen. Kaltes Wasser, etwas Scharfes essen, laute Musik, aber auch Bewegung in allen Formen, zum Beispiel tanzen, können hilfreich sein. Wenn die Dissoziation nachlässt, zeigt sich häufig das Gefühl. Du fängst beispielsweise an zu weinen oder wirst wütend. Dissoziationen können sehr anstrengend sein. Vielleicht bist du auch mit einem Mal sehr müde. Dann ruhe dich aus.

Da es sich bei Dissoziationen um einen Schutz vor einer erwarteten emotionalen Überflutung handelt, braucht es eventuell ein Gegenüber, der:die dir einen sicheren Rahmen und Schutz bietet, damit du dich traust, alles wahrzunehmen. Hier können eine vertraute Person und manchmal auch professionelle Hilfe ratsam sein.

Ich habe so komische Körper-empfindungen

Auch dein Körper reagiert auf die Trauer individuell. Mögliche Begleiter können Schmerzen, Unruhe, Taubheit, Schlaflosigkeit, Appetitlosigkeit, Heißhungerattacken usw. sein.

Viele Menschen berichten nach dem Suizid eines geliebten Menschen von Körperempfindungen, die mit der Art des Suizids oder auch mit der Art der Erkrankung des verstorbenen Menschen in Verbindung stehen.
Dieses Phänomen gibt es tatsächlich. Wir empfinden zum Beispiel Druck am Hals, wenn sich jemand erhängt hat, oder Druck auf dem Brustkorb, wenn jemand eine Angststörung hatte. Normalerweise verschwinden diese Symptome wieder, je weiter wir in unserem Trauerprozess vorangehen. Dennoch möchte ich dich bitten, alle Symptome vorsorglich von einem Arzt untersuchen zu lassen. Es kann auch immer mal was anderes sein.
Erstaunlich bei diesen Reaktionen ist, dass sie wiederkommen können, zumeist an Tagen oder vor Tagen, die im Zusammenhang mit dem Verstorben oder dem Suizid stehen, zum Beispiel der Todestag oder Geburtstag etc. Es kann hilfreich sein, sich das bewusst zu machen und zu wissen, dass diese körperlichen Reaktionen zumeist auch wieder vergehen werden, so unangenehm sie auch sind.

Ohnmacht

Nach einem Suizid fühlen wir uns häufig ganz und gar ohnmächtig. Der geliebte Mensch ist gegangen und wir konnten ihn nicht aufhalten. Oft ist uns mit dem Suizid der Halt verloren gegangen, wir fühlen uns, als würden wir im luftleeren Raum schweben. Jetzt braucht es kleine Anker, an denen du dich festhalten kannst. Freund:innen, deine Familie, das Haustier, eine Routine, Arbeit oder keine Arbeit – du entscheidest, was dir hilft.

Es kann auch gut sein, immer nur einen Schritt nach dem anderen zu sehen und zu gehen. Das große Ganze erscheint oft zu übermächtig. In kleinen Schritten finden wir hinaus aus der Ohnmacht und können wieder Erfahrungen der Selbstwirksamkeit machen.

Wer oder was ist dein Anker?

Wer ist schuld?

Sehr viele Hinterbliebene fühlen sich nach dem Suizid eines geliebten Menschen schuldig, werden beschuldigt oder beschuldigen andere.

Der Suizid hat uns in unseren Grundfesten erschüttert und unsere Grundbedürfnisse nach Sicherheit, Verbundenheit, Autonomie und Orientierung massiv verletzt. Wir hatten kein Mitspracherecht, sehen uns mit einer Situation konfrontiert, die sich unserem Einfluss entzogen hat. Das kann eine unbegreifliche Ohnmacht und Verzweiflung auslösen, die uns zu überschwemmen droht und uns komplett überfordert.
Schuld hat deshalb durchaus einen Sinn: Sie ist ein aktives Gefühl und liefert eine Erklärung für etwas, das nicht wirklich erklärbar ist: Ich habe oder jemand anderes hat einen Fehler gemacht und deswegen ist der geliebte Mensch jetzt tot. Diese Schuldzuweisungen geben uns ein – trügerisches – Gefühl der Sicherheit oder Macht über eine Situation, die sich unserer Kontrolle komplett entzogen hat. Sie gibt uns das Gefühl, dass wir oder jemand anderes doch noch etwas hätten tun können, also eine Art Mitspracherecht gehabt hätten. Damit hält sie die Ohnmacht ein wenig in Schach.
Leider ist es aber auch sehr destruktiv und anstrengend, sich schuldig zu fühlen oder andere zu beschuldigen. Und dennoch ist das Schuldgefühl nicht einfach wegzuwischen. Es ist da und das gilt es anzuerkennen.
Ganz wichtig ist auch, dass das Schuldgefühl die Verbindung zum:zur Verstorbenen aufrechterhält. Der Suizid hat diese Verbundenheit gekappt. Die Schuldzuweisungen verbinden uns wieder.

Die Schuld ergibt absolut Sinn im Moment. Sie ist ein Schutzmechanismus, eine Art Stabilisator, den du dann aufgeben kannst, wenn du dazu bereit bist oder sich deine Psyche in der Lage fühlt, andere Emotionen auszuhalten.
Natürlich kann es sein, dass du dich mit dem Verstorbenen vor dem Suizid gestritten hast, dass Ärzte nicht schnell gut genug reagiert haben oder du die Suizidankündigung nicht ernst genommen hast. Du bist, wie wir alle, nur ein Mensch. Bei einem Suizid spielen so viele verschiedene Faktoren eine Rolle, dass es uns leider häufig auch mit all unserer Liebe nicht möglich ist, einen Menschen dauerhaft im Leben zu halten, der es zu diesem Zeitpunkt wahrscheinlich weder kann noch möchte.

ÜBUNG: SCHULDGEFÜHLE

Schreib aus dem Bauch heraus alles auf, was du dir vorwirfst und wofür du dich schuldig fühlst – ganz unzensiert.
Dann schreibst du auf, was der verstorbene Mensch zu jeder deiner Aussagen sagen würde und was zum Beispiel deine Freund:innen oder andere Menschen, die dir wichtig sind.
Du kannst sie natürlich auch fragen. Frage dich auch, was du zum Beispiel deiner besten Freundin sagen würdest, wenn sie in deiner Situation wäre.
Gibt es Unterschiede? Was macht es mit dir, wenn du andere Einschätzungen liest? Kannst du diese annehmen?

Ich werde beschuldigt

Machen andere Menschen dir Vorwürfe? Auch wenn Schuldzuweisungen einen Sinn haben, musst du dich diesen auf keinen Fall aussetzen. Du hast das Recht, Grenzen zu setzen, diesen Menschen aus dem Weg zu gehen oder den Kontakt abzubrechen. Auch wenn das schmerzhaft ist und es in dir große Verzweiflung oder auch Wut auslöst.

Hat der:die Verstorbene dich beschuldigt, vielleicht in einem Abschiedsbrief oder auch schon vor dem Suizid verbal? Hat er:sie so etwas gesagt wie: „Wenn du mich verlässt, dann nehme ich mir das Leben"?
Dann kann es sich so anfühlen, als hätte der:die Verstorbene sich mit dem Suizid an dir gerächt.
Das ist furchtbar. Bitte bedenke, dass Suizid das Ergebnis eines komplexen Geschehens ist. Es kann zudem hilfreich sein, dich mit unabhängigen Menschen auszutauschen, zum Beispiel in einer Trauergruppe, mit einem Therapeuten oder einer Trauerbegleiterin.

ICH SCHÄME MICH SO

Auch dieses Gefühl kennen leider viele Hinterbliebene nach einem Suizid. Sie schämen sich für das, was der:die Verstorbene getan hat, oder dafür, dass sie es nicht verhindern konnten. Sie befürchten, Menschen werden ihnen die Schuld am Suizid geben, oder sie geben sie sich selbst. Scham und Schuld gehen oftmals Hand in Hand. Häufig ist Scham ein vorweggenommener Schutz vor eventuellen Schuldzuweisungen von außen und vor Ablehnung.

Sich zu schämen ist ein sehr intensives Gefühl, das in der Lage ist, uns zu überfluten. Es lässt uns glauben, dass wir falsch sind, so wie wir sind, und dass wir weder Verständnis noch Liebe verdient hätten. Wir sind mit anderen Menschen nicht mehr auf Augenhöhe, sondern machen uns klein. Du kannst das häufig auch an deiner Haltung erkennen. Wir fühlen uns gelähmt, wertlos und isoliert. Scham wird auch als die Hüterin der Würde bezeichnet. Nach einem Suizid bekommen viele Hinterbliebene das Gefühl, nicht mehr zugehörig zu dem Leben und den Menschen aus der Zeit „davor" zu sein. Wert und Würde gehen scheinbar verloren. Scham nach einem Suizid resultiert leider auch aus der Tatsache, dass diese Todesart nach wie vor überwiegend tabuisiert wird.

Scham lässt dich handlungsunfähig werden und gibt dir das Gefühl, dich nicht mehr frei bewegen zu können. Sie schwächt deinen Selbstwert. Dabei brauchst du jetzt deine ganze Kraft für dich. Auch wenn es dir vielleicht schwerfällt, es zu glauben: An deinem Wert und deiner Würde hat sich durch den Suizid nichts geändert: Du warst, bist und bleibst wertvoll!

Die Hürde ist riesig, aber es ist wichtig, dass du deine Verletzlichkeit und Scham zeigst, indem du darüber sprichst. Scham kann nur existieren, solange du dich allein fühlst und glaubst, du wärst der einzige Mensch, dem das passiert ist. Scham braucht ein Gegenüber, Empathie und Verständnis. Suche dir dafür Menschen aus, denen du vertraust. Man weiß, dass Menschen, die sich der Scham stellen, auch eher positive Gefühle wie Freude, Verbundenheit, Liebe, Freiheit und Lebendigkeit spüren können. Und all diese Gefühle hast du wieder verdient. Das weiß ich von ganzem Herzen.

Suizid – ein Tabu?

Auch wenn sich durch Aufklärung schon viel getan hat, handelt es sich bei Suizid nach wie vor um ein Thema, das häufig tabuisiert wird. Warum ist das eigentlich so?

Im Mittelalter war Suizid so verpönt, dass die Angehörigen enteignet und aus der Gemeinschaft ausgeschlossen wurden. Lange Zeit hat die Kirche für die Verstorbenen weder eine Trauerfeier durchgeführt noch durften sie auf den Friedhöfen beerdigt werden, weil sie in den Augen der Kirche gegen den Willen Gottes verstoßen hatten. Das ist glücklicherweise nicht mehr so.
Oft wird in unserer Gesellschaft noch von der Selbsterhaltung als Grundprinzip des Lebens ausgegangen. Menschen, die sich selbst das Leben nehmen, verstoßen vermeintlich dagegen und überschreiten eine Grenze, was – unbewusst – als Schuld oder Schande angesehen wird.
Auch erleben wir leider nach wie vor eine Stigmatisierung von psychischen Erkrankungen und persönlichen Fehlschlägen. Diese wollen nicht so recht in unsere Leistungsgesellschaft passen.

Das muss unbedingt aufhören und deswegen bitte ich dich von Herzen: Sprich über den Suizid und über deine Situation. Lass dich nicht dazu drängen zu schweigen oder gar eine andere Geschichte zu erfinden. Das wird dir und dem Verstorbenen nicht gerecht. Außerdem ist es sicher nicht gesund für dich.
Ich glaube fest daran, dass jede:r von uns dazu beitragen kann, das Thema aus der Tabuzone zu holen, die Mythen zu relativieren und damit vielleicht weitere Leben zu retten.
Es gibt nichts, wofür du dich schämen müsstest!

Suizid und Glaube

In den meisten Glaubensrichtungen, z.B. im Christen- oder Judentum, gilt nach wie vor das göttliche Gebot der Bewahrung des Lebens.

Im Islam ist der Suizid aus denselben Gründen sogar streng verboten. Anders ist es im Buddhismus. Hier entscheidet der Mensch allein über sein Leben. Ein Suizid ist hier weder Sünde noch Schande, jedoch verschiebt der Mensch damit seine Lebensaufgaben in ein anderes Leben und behindert damit seinen Weg zur Erleuchtung. Viele Religionen erkennen mittlerweile an, dass die meisten Menschen, die sich das Leben nehmen, aus einer großen seelischen Not handeln und zumeist krank sind.

Manche Hinterbliebene finden nach einem Suizid Halt in ihrem individuellen Glauben und werden von Mitgliedern ihrer Glaubensgemeinschaft liebevoll begleitet. Andere wenden sich von ihrem Glauben ab, weil sie sich allein gelassen fühlen. Einige finden Halt in der Spiritualität. Was auch immer du für dich entscheidest, es ist in Ordnung. Du darfst deine Meinung zu jedem Zeitpunkt wieder ändern.

Für viele ist es hilfreich, eine Vorstellung davon zu entwickeln, wo der verstorbene Mensch jetzt ist. Glaube und Spiritualität können dabei sicher hilfreich sein, aber vielleicht hast du auch ganz eigene Vorstellungen.

Was glaubst du,
wo der geliebte Mensch jetzt ist?

Das eigene Umfeld

So oft höre ich von Trauernden, dass Bekannte die Straßenseite wechseln oder Freund:innen den Kontakt abbrechen, wenn es zu einem Suizid gekommen ist.

Das ist für die Betroffenen sehr verletzend. Gleichzeitig sagt es mehr über diese Menschen aus als über dich oder deinen lieben Verstorbenen. Sie sind überfordert und wissen nicht, was sie sagen sollen, oder haben völlig überholte Vorstellungen von einem Suizid. Und dann gibt es noch die vielen Dinge, die Menschen sagen und die dir wenig hilfreich erscheinen. Ich weiß, dass sie manchmal fassungslos machen, und doch glaube ich, dass sie oft aus einer Unwissenheit oder Hilflosigkeit heraus gesagt werden und in vielen Fällen nicht böse gemeint sind.
Genau wie wir manchmal vor Schock sprachlos sind, sind es viele Menschen in unserem Umfeld auch. Vielleicht hilft es dir ein bisschen, das so zu sehen.
Manche Menschen wollen dir vorschreiben, was du zu tun hast und wie. Sie glauben zu wissen, wie lange du trauern darfst und wie deine Trauer aussehen soll. Diesen Menschen

darfst du Grenzen setzen und ihnen, wenn es für dich besser ist, aus dem Weg gehen. Außer dir weiß keiner wirklich, was du brauchst und wie es dir geht.
Ich verrate dir meine Lieblingsantwort auf die Frage „Bist du immer noch traurig?", die ich irgendwo mal gehört habe: „Ja, denn er ist immer noch tot." So einfach und so wahr.
Bei allem Schmerz, der entstehen kann, wenn sich das Umfeld verändert: In der Regel verändert es sich nicht nur zum Negativen. Ganz häufig kommen neue Menschen in dein Leben oder lockere Verbindungen werden mit einem Mal intensiver.

Jede:r trauert anders

Weil jede:r anders trauert, kommt es zwischen den Hinterbliebenen häufig zu Konflikten.

Wir können vielleicht gar nicht verstehen, dass jemand nicht sprechen möchte und die Dinge lieber mit sich selbst ausmacht oder nicht weint. Wir denken uns, es müsste anders sein und vielleicht wünschen wir uns das auch. Doch in der Trauer gibt es kein Richtig und kein Falsch, deshalb solltest du in deinem Schmerz keinen anderen Menschen zum Blitzableiter deiner Verzweiflung machen oder deine Art zu trauern als die einzig richtige voraussetzen.
Jede:r hat ganz eigene Bedürfnisse und jede:r ist anders. Es kann hilfreich sein, über diese unterschiedlichen Bedürfnisse zu sprechen, wenn das möglich ist. Bitte respektiert euch in eurer Trauer gegenseitig. Vielleicht können dir stattdessen andere Menschen, die nicht in deinem direkten Umfeld leben, das geben, was du brauchst.

Ich bin erleichtert

Viele Hinterbliebene haben einen langen Leidensweg hinter sich. Das Leben mit einem suizidalen oder psychisch erkrankten Menschen ist herausfordernd und hinterlässt Spuren.

Oft hat es auch schon mehrere Suizidversuche gegeben oder es wurde vielfach mit Suizid gedroht. Deshalb kann es sein, dass ein Teil von dir erleichtert ist, weil es „endlich" passiert ist und der Suizid nicht mehr wie eine ständig drohende Gefahr über euch schwebt. Oder du bist für den geliebten Menschen erleichtert, dass sein Leiden ein Ende hat. Das ist absolut in Ordnung. In ständiger Angst vor einem Suizid zu leben, kann sehr zermürbend sein.
Und dann gibt es noch etwas, worüber viele Hinterbliebene nach Suizid sich nicht zu sprechen trauen. Die eventuelle Erleichterung darüber, dass der Suizidversuch geglückt ist. Das hört sich furchtbar an, aber ich weiß, dass ca. jeder dritte Mensch, der einen Suizidversuch überlebt hat, es noch einmal versucht. Damit zu leben ist für die Angehörigen häufig eine riesige Belastung.
In meinen Begleitungen erlebe ich immer wieder, dass Menschen erleichtert sind, wenn sie diese Gedanken aussprechen dürfen und nicht verurteilt werden, denn viele verurteilen sich selbst dafür.

Gibt es etwas, worüber du erleichtert bist?

Es kam so plötzlich

Möglicherweise trifft der Suizid dich völlig unerwartet. Vielleicht hat der geliebte Mensch es immer verneint, sich das Leben nehmen zu wollen. Vielleicht schien es ihm wieder besser zu gehen und dann ist es passiert. Viele Hinterbliebene berichten, dass der:die Verstorbene einige Zeit vor dem Suizid entspannter und ruhiger wirkte. Das lässt die Hoffnung wachsen, dass es dem geliebten Menschen besser geht. Manchmal ist das jedoch der Moment, in dem der Entschluss gefasst wurde, dass Suizid eine Lösung ist. Aus diesem Entschluss resultiert dann die innere Ruhe.

Oft haben die Verstorbenen Medikamente, zum Beispiel Antidepressiva, gegen ihre Depressionen bekommen und du hast gehofft, dass jetzt alles gut wird. Leider ist die Zeit zwischen der Einnahme der Medikamente und dem Abklingen der Symptome kritisch. Die aus der Krankheit resultierenden Gedanken sind noch da und gleichzeitig bewirken die Medikamente eine Handlungsfähigkeit, die zur Umsetzung der Suizidpläne führen kann.
Wenn du von dem Suizid eines geliebten Menschen überrascht worden bist, dann stehst du vermutlich unter Schock. Der Schock ist ein Schutzmechanismus deiner Psyche, der dich davon abhält, die ganze Wahrheit auf einmal zu begreifen oder alles fühlen zu müssen. Für den Moment ist das erstmal gut. Mit der Zeit wirst du die Dinge realisieren und Stück für Stück fühlen. Für viele ist es hilfreich, sich hierbei Unterstützung zu holen. Du entscheidest, was und wann du sie brauchst.

WAS GENAU ist vor dem Suizid passiert?

Viele Hinterbliebene stellen sich immer und immer wieder die Frage, was eigentlich genau vor dem Suizid passiert ist. An welchem Punkt wurde die Entscheidung getroffen? Hat er noch an seine Liebsten gedacht? War es eine klare Entscheidung zu sterben oder hat sie gezweifelt? Gab es einen Auslöser, hätte ich noch was tun können?

Du gehst vielleicht wieder und wieder die letzten Tage durch und fragst dich, was passiert wäre, hättest du etwas anders gemacht oder gesagt. So viele quälende Fragen und keine Antworten mehr! Das lässt uns hilflos, fassungslos und vielleicht auch manchmal wütend zurück.
Ich kann so gut verstehen, dass du versuchen willst, die Zeit zu rekonstruieren, um das Unbegreifliche begreifbar zu machen. Leider wirst du auf die meisten Fragen nie eine Antwort bekommen. Diese hat der:die Verstorbene mitgenommen. Das ist ein Grund, warum es oft so schwierig ist, mit dem Suizid eines geliebten Menschen zu leben. Es gibt so viele Fragen und so wenige Antworten.
Ist es möglich, den eigenen Frieden mit dem Suizid zu finden, obwohl manche Fragen nie eine Antwort bekommen werden? Das kann ich nicht pauschal beantworten. Für mich sind die Zeit und das Weitergehen im Trauerprozess meine größten Freunde gewesen. Kaum wahrnehmbar und doch Stück für Stück haben sie die fragenden Stimmen in meinem Kopf verhallen lassen.

Wie kommt es final zum Suizid?

Der Psychiater Erwin Ringel ist einer von denen, die schon vor längerer Zeit untersucht haben, was vor einem Suizid geschieht, und er beschreibt ein sogenanntes präsuizidales Syndrom.

Demnach kommt es einige Zeit vor dem Suizid zu einer Phase der Einengung. Diese bezieht sich auf die persönlichen Möglichkeiten, die Gefühlswelt, die zwischenmenschlichen Beziehungen und die Wertewelt, das heißt das, was vielleicht vorher einen Wert hatte. Das Erleben ist subjektiv. Menschen nach einem Suizidversuch beschreiben das als ein Tunneln. Aus diesem Tunnel fallen auch die engen und geliebten Menschen weitgehend raus.
Außerdem kommt es zu einer Umkehr der Aggressionen gegen sich selbst, dann zu Suizidfantasien oder sich aufdrängenden Suizidgedanken.
In neueren Studien wird auch davon ausgegangen, dass bei vielen suizidalen Menschen ein Gefühl der verhinderten Dazugehörigkeit da ist, das heißt ein Gefühl von Alleinsein. Manchmal liegen Auslöser dafür im zwischenmenschlichen Bereich, zum Beispiel Trennung, Liebeskummer, Verlust des Arbeitsplatzes etc. Manchmal ist es auch nur ein subjektives Gefühl. Außerdem entsteht bei vielen der Gedanke, eine Last für sich und andere zu sein.
Bei den meisten Suiziden wird davon ausgegangen, dass bis zum Schluss eine Ambivalenz da ist, die Verzweiflung und der Wunsch nach Erlösung oder Ruhe aber leider überwiegen.
All das sind natürlich nur Erklärungsversuche, keine allgemein gültigen Wahrheiten. Jeder Mensch und jeder Suizid ist individuell.

WAS IST NACH **dem Suizid passiert?**

Als würde es nicht reichen, dass der geliebte Mensch sich das Leben genommen hat, sind auch in der Zeit danach noch zusätzlich viele unbegreifliche Dinge passiert.

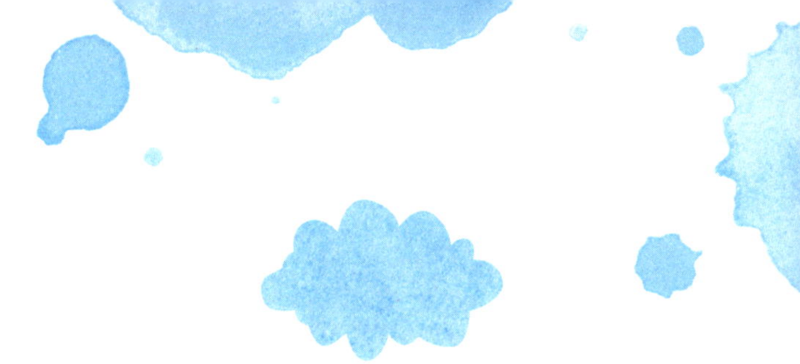

Die Polizei ist gekommen, der Leichnam wurde beschlagnahmt und von der Staatsanwaltschaft erst freigegeben, nachdem ein Fremdverschulden ausgeschlossen werden konnte. Das bedeutete, dass du den geliebten toten Menschen zunächst nicht anfassen durftest und die Wirklichkeit seines Todes im wahrsten Sinn des Wortes unbegreiflich blieb. So viele fremde Menschen aber berührten ihn. Und wenn der Suizid an einem Ort geschehen ist, an dem du hättest anwesend sein können, wie zum Beispiel in eurer Wohnung, dann wurdest du auch noch befragt. Das kann zutiefst verstörend und vielleicht auch ein Stück weit demütigend sein.
Leider ist es der normale Ablauf nach einem Suizid. Zu einer Obduktion kommt es in den meisten Fällen hingegen nicht. Vielleicht bist du fassungslos oder auch wütend über all diese Fremdbestimmung. Deine Reaktion ist absolut angemessen. Fremdbestimmung löst häufig eine Ohnmacht aus, der wir in diesem Moment nur wenig entgegensetzen konnten. Oft ist es hilfreich, genau das aus- und anzusprechen, diesen Gefühlen einen Raum und eine Berechtigung zu geben.

WAS SAGT MIR deine Todesart?

Generell wird zwischen einem weichen und einem harten Suizid unterschieden. Harte Methoden, wie zum Beispiel Erhängen oder Erschießen, führen fast unausweichlich zum Tod. Weiche Methoden, wie zum Beispiel Tabletten, sind nicht ganz so sicher. Die meisten Männer wählen harte Suizidmethoden.

Es ist zu vermuten, dass die Todesart etwas darüber aussagt, wie sehr jemand sterben wollte, und es gibt Todesarten, die wirklich unvorstellbar grausam sind oder einen langen Leidensweg implementieren. Manchmal hat das auch etwas mit Selbstbestrafung zu tun, die in der Vorstellung des Verstorbenen oder auch im Rahmen seiner Krankheit vielleicht Sinn ergeben hat. Vielleicht wollte der geliebte Mensch aber auch einfach sichergehen, dass er wirklich stirbt, oder hatte gerade diese Dinge zur Hand. Es ist schwierig, hier eine wirkliche Aussage zu treffen, und ich bitte dich, vorsichtig mit der Deutung zu sein. Auch bitte ich dich, nicht so viele Details zur Todesart nachzulesen. Damit tust du dir sehr weh und es gibt keine Möglichkeit mehr herauszufinden, ob du mit deinen Vermutungen Recht hast.

(K)EIN ABSCHIEDSBRIEF

Viele Menschen, die sich das Leben nehmen, hinterlassen keinen Abschiedsbrief. Dass sie ohne Erklärung gegangen sind, ist für viele Hinterbliebene kaum auszuhalten. So sehr hoffen wir doch, den letzten Schritt besser nachvollziehen zu können oder eine liebevolle Nachricht zu bekommen.

Denke einmal darüber nach: Was hat dir der geliebte Mensch für eine letzte Nachricht hinterlassen? Vielleicht nicht in Form eines Briefes, sondern in Form von letzten Worten bei einem Treffen, einem Zettel in der Schublade, einem Anruf oder auch etwas, das gar nicht direkt mit ihm zu tun hat, dir beim Nachdenken über diese Frage aber ins Auge springt. Vielleicht ist es auch ein Geschenk, eine Karte – es kann auch schon länger her sein.
Fällt dir etwas ein? Dann schreib es auf, damit du es, falls es dich stärkt, immer wieder ansehen kannst.
Du hast einen Abschiedsbrief bekommen, aber er erklärt dir nichts und lässt dich weithin ratlos zurück? Davon berichten mir auch einige Menschen. Viele fragen sich auch, warum der geliebte Mensch sich keine Hilfe geholt hat, statt einen Brief zu schreiben? Warum hat er sich dennoch das Leben genommen, obwohl er doch wusste, was er uns damit antut?

Leider geben die wenigsten Abschiedsbriefe Antworten auf alle unsere Fragen.
Du hast einen Abschiedsbrief bekommen, in dem du beschuldigt wirst oder beschimpft? Das ist schlimm und tut mir sehr leid. Aus meiner Erfahrung in der Trauerbegleitung weiß ich, dass folgende Methode hilfreich sein kann:
Mache eine Kopie von dem Brief oder nimm das Original und streiche die Passagen, die du nicht verstehen kannst und die bei dir nichts auslösen. Tue dasselbe mit den Passagen, die dich nicht berühren. Jetzt schau dir die verbliebenen Zeilen an und schreibe eine Antwort darauf. Einen Antwortbrief aus deiner Sicht und stelle die Dinge klar. Hier findet alles Platz, was du fühlst.
Es kann auch hilfreich sein, den Brief mit jemandem zu besprechen. Das kann eine Person deines Vertrauens oder ein professioneller Mensch sein. Denn wir neigen dazu, noch mehr in den Abschiedsbrief hineinzuinterpretieren als drinsteht. Wir füllen ihn auf mit dem, was wir über uns, den anderen und das Geschehene denken. Da kann ein Blick von außen sehr hilfreich sein.

ÜBUNG: ICH SCHREIBE DEINEN ABSCHIEDSBRIEF

Es hat keinen Abschiedsbrief gegeben oder der Brief beantwortet deine Fragen nicht?
Schreibe den Abschiedsbrief noch einmal neu oder ergänze ihn. Wichtig ist, dass du einfach aus dem Bauch heraus schreibst, ohne nachzudenken. Was glaubst du, würde der geliebte Mensch dir sagen?
Wenn es dir leichter fällt, dann darfst du auch einfach einen Wunschabschiedsbrief schreiben, der dir hoffentlich ein bisschen Kraft gibt.

Ich kann es immer noch **nicht begreifen**

Oft fühlt sich der Suizid auch nach längerer Zeit noch unwirklich an, so als würde er gar nicht zum eigenen Leben gehören. Manchmal wachst du vielleicht morgens auf und es ist, als würdest du zum ersten Mal begreifen, was passiert ist, dann rückt es wieder in die Ferne. Die Psyche ist gnädig. Sie schützt dich vor einer Überflutung und lässt die Dinge nur portionsweise an dich herankommen. Wie man eine Zwiebel Haut für Haut schälen kann, werden die Geschehnisse und die Gefühle Schritt für Schritt immer realer und gleichzeitig bleibt ein Teil voraussichtlich für immer unbegreiflich. In meinen Augen ist das gut so, denn es hilft dir, weiterzumachen und nicht denselben Weg zu gehen.

Ich möchte mehr über **deinen Tod wissen**

Wenn wir den geliebten Menschen nach dem Suizid nicht selbst gefunden haben, dann stellen wir uns oft Fragen wie: Wie hat er ausgesehen, als er gefunden wurde? Wo genau hat man sie gefunden? Was ist mit ihm passiert, nachdem er gefunden wurde? Wer war da? Und viele weitere mehr.
Unsere Fantasie füllt diese Lücken mit Bildern. Nicht in allen Fällen, aber in vielen, sind diese Fantasien noch schlimmer als die Wirklichkeit.

Um diese Lücken mit Tatsachen zu füllen, gibt es die Möglichkeit, die Todesakte einzusehen. Häufig haben die Polizeibeamt:innen, die die Todesnachricht überbracht haben, ihre Kontaktdaten hinterlassen, sodass man dort nachfragen kann. Ansonsten geht das über die entsprechende Behörde oder eine:n Rechtsanwält:in. Zuvor wird geprüft, in welchem Verhältnis wir als Hinterbliebene zum Verstorbenen stehen. Ich bitte dich, dir vor deiner Entscheidung bewusst zu machen, dass du zum einen eine ganz nüchterne Akte mit Daten und Fakten erhalten wirst, zum anderen, dass diese Akte Fotos enthält. Du kannst allerdings manchmal darum bitten, dass du die Akte ohne die Fotos bekommst und das ist bei einigen Todesarten ganz sicher sinnvoll.
Es ist nicht wirklich möglich, sich auf das vorzubereiten, was du dort liest und siehst. Bitte jemanden, dich zu begleiten und dich zu unterstützen.
Von vielen Hinterbliebenen weiß ich, dass es ihnen sehr geholfen hat, die Lücken zu füllen, einige offene Fragen zu beantworten und etwas mehr Frieden zu finden. Solltest du dich dazu entschließen, die Akten einzusehen, dann wünsche ich dir von Herzen dieses Ergebnis.

Ich habe dich gefunden

Es ist sicher einer der schlimmsten Momente, den geliebten Menschen nach seinem Suizid zu finden. Wir werden das Bild nur schwer wieder los und die Erinnerungen tauchen immer wieder auf.

In der Psychologie sprechen wir von einem Schocktrauma. Ein Schocktrauma entsteht durch ein einziges Ereignis, das uns überwältigt und hilflos zurücklässt. Körper und Psyche werden von Stresshormonen geflutet und unser Gehirn kann die Informationen nicht wie sonst verarbeiten.
Manchmal helfen der Trauerprozess und auch die Zeit dabei, dass das Trauma verarbeitet werden kann. Dann werden auch die Bilderinnerungen zumeist weniger. Wenn sie das nicht tun und du darunter leidest, dann lass dich bitte psychotherapeutisch begleiten.
Es gibt Techniken, wie zum Beispiel EMDR (Eye Movement Desensitization and Reprocessing), die dabei helfen können, diese Bilder zu verarbeiten. Vielleicht fragst du dich, was bei einer EMDR-Sitzung passiert.

Im Grunde erinnerst du dich kurzfristig an das belastende Ereignis, während sich der Finger des:der Therapeut:in vor deinen Augen von rechts nach links und zurück bewegt. Du folgst mit deinem Blick dieser Bewegung. Diese Stimulation unterstützt das Gehirn dabei, die Selbstheilungskräfte zu aktivieren und die belastenden Erinnerungen zu verarbeiten. Bitte achte darauf, dass der:die Therapeut:in in dieser Methode ausgebildet wurde.

Ich kenne dich nicht mehr

Suizid ist die massivste Form der Autoaggression und ein sehr gewalttätiger Akt. Häufig können wir diese Tat nicht mit dem Menschen in Verbindung bringen, den wir gekannt und geliebt haben.

Das verunsichert zutiefst und lässt bohrende Fragen aufkommen. Wer warst du eigentlich? Kannte ich dich wirklich? Was hast du mir noch verschwiegen?
Vielleicht gab es tatsächlich eine Seite, die du nicht kanntest oder nicht gesehen hast. Diese Seite, die dann schlussendlich den Tod herbeigeführt hat, stellt aber nicht die gesamte Person oder eure ganze Beziehung infrage. Führe dir das immer wieder vor Augen, wenn dich der Gedanke nicht loslässt. Dabei kann es helfen, dir Fotos anzusehen, dich an gemeinsame Unternehmungen und Gespräche zu erinnern oder mit anderen Menschen, die den:die geliebte:n Verstorbene:n auch kannten, über die gemeinsame Zeit zu sprechen. Der geliebte Mensch ist viel mehr als sein Suizid.

Gibt es etwas Konkretes, woran du das erkennen kannst?

Wer war ich für dich?

Viele Hinterbliebene quält nach einem Suizid die Frage, ob sie dem:der Verstorbenen nicht wertvoll genug waren, um weiterzuleben. Da es vermeintlich so aussieht, als ob der Suizid eine freiwillige Entscheidung war, fühlt er sich wie eine Absage an die Beziehung an. Das schmerzt sehr und verletzt den Selbstwert.

Nichts erscheint mehr wahr, nichts hat mehr Bestand, weil jetzt alles anders ist und sich so anders darstellt.
Durch den Schock des Suizids bleibt häufig nur noch der Tod des geliebten Menschen stehen. Alle unsere Gedanken kreisen darum. Wir vergessen die Vergangenheit und können kaum mehr an die Zukunft denken.
Doch ist da so viel mehr als nur der Tod und die Todesart. Eure Beziehung und auch ihr beide seid so viel mehr als nur der Suizid. Ihr habt Schönes und Schlimmes erlebt und so vieles im Leben geteilt. Ihr habt geweint und gelacht und vieles gemeinsam erlebt. Jede:r von euch hat einen Wert, eine Position und eine Rolle im Leben des:der anderen. Und an deinem Wert hat sich durch den Suizid nichts verändert. Du warst, bist und bleibst wertvoll!
Ich hoffe so sehr, dass ein Teil von dir das weiß und dass du diesen Teil immer präsenter werden lassen kannst. Der Suizid war das schlimme Ende eurer Beziehung hier auf Erden, eure Beziehung an sich ist so viel mehr. Vielleicht hast du noch Briefe, Karten, Geschenke oder Erinnerungen, die dir zeigen, dass eure Beziehung echt und mehr war als der Suizid.

ÜBUNG: MEINE SCHÖNSTE ERINNERUNG MIT DIR

Schreibe alles auf, was der geliebte Mensch dir über dich und über eure Beziehung gesagt hat. Oder male ein Bild, klebe etwas ein oder erzähle in Worten von schönen Erinnerungen mit dem:der Verstorbenen.

* Als kleinen Anker für unterwegs kannst du für jede schöne Erinnerung eine Perle auf ein Band aufziehen und dieses Band dann bei dir tragen.

Wer bin ich ohne dich?

Es gibt ein Leben vor und ein Leben nach einem Suizid. Der geliebte Mensch hat eine Entscheidung getroffen, die dein Leben massiv beeinflusst hat. Vieles hat sich verändert, viele Dinge sind nicht mehr umsetzbar. Und so nimmst du nicht nur Abschied von dem Verstorbenen, sondern auch von Plänen, Träumen, Hoffnungen, Gewohnheiten und Ritualen. Das ist hart und manchmal wissen wir gar nicht mehr, wer wir jetzt eigentlich sind.

Die Frage, wer du ohne deinen geliebten Menschen bist, musst du nicht sofort beantworten können. Sie ist eher wie der Beginn einer Entdeckungsreise. Welche Gewohnheiten möchtest du beibehalten, welche auf keinen Fall? Was wolltest du schon immer mal erleben? Welche Fähigkeiten hast du im Laufe deines Trauerprozesses an dir entdeckt, die du noch gar nicht kanntest oder glatt vergessen hattest? Was gibt dir Kraft? Wo willst du leben? Möchtest du deinen Job noch machen oder träumst du schon lange von etwas anderem? Hast du ein neues Lebensmotto?

Wichtig ist, dass du deine Rolle als Mutter, Vater, Schwester, Bruder oder Partner:in deines lieben Verstorbenen immer behalten wirst – und gleichzeitig sieht sie jetzt ganz anders aus. Wie genau? Wie möchtest du deine Rolle leben? Was brauchst du dafür?
Auch deine Werte sehen jetzt vielleicht ganz anders aus und manche Menschen passen nicht mehr in dein Leben, andere dafür umso mehr. Worauf bist du stolz, was macht dich einzigartig, wovon willst du mehr und wovon weniger? Wer bist du, wenn du irgendwann oder auch jetzt nicht mehr akut trauerst? Ich wünsche dir, dass du im Laufe deines Trauerprozesses Schritt für Schritt Dinge findest, die dir Spaß machen, dass du Menschen kennenlernst, mit denen es dir gut geht, und Momente erlebst, in denen du dich ganz leicht fühlst.

ERSTELLE DEIN EIGENES VISION BOARD

Ein Vision Board ist eine gute Möglichkeit, um herauszufinden, wer du ohne den geliebten Menschen bist. Man nennt ein Vision Board auch eine Ziel- oder Traumcollage. Dabei musst du zunächst einmal gar nicht wissen, wo du hinwillst. Nimm zum Beispiel eine große Leinwand oder einen großen Bogen Papier und klebe alles auf, was du findest und dich anspricht. Zitate, Bilder aus Zeitschriften, Postkarten – deiner Fantasie sind keine Grenzen gesetzt. Dazu kannst du malen, basteln und schreiben. Im Laufe der Tage, Wochen und Monate wird dir klarer werden, wovon du träumst, was du dir wünschst und was dir mehr Lebendigkeit schenkt.

Ich vertraue mir nicht mehr

Ganz häufig höre ich von Hinterbliebenen den Satz: „Ich vertraue mir nicht mehr." Oftmals gesellen sich dazu weitere Sätze wie: „Ich vertraue den Menschen oder ich vertraue dem Leben an sich nicht mehr."

Ich kann das sehr gut nachvollziehen. Die meisten Suizide haben wir nicht vorhergesehen oder sie lagen außerhalb unserer Vorstellungskraft. Häufig hat der geliebte Mensch auch gesagt, dass er uns das nie antun wird, oder wir haben geglaubt, unsere Beziehung könne ihn im Leben halten. Manche Vorzeichen haben wir nicht richtig gedeutet und das konnten wir vielleicht auch nicht. Dennoch kann das Gefühl entstehen, versagt zu haben und sich auf die eigene Wahrnehmung nicht mehr verlassen zu können.
Vertrauen ist zerbrechlich und verlorenes Vertrauen wieder aufzubauen, ist häufig schwierig. Einem anderen Menschen wieder zu vertrauen, wo wir doch so erschüttert worden sind, das kann eine Herausforderung sein. Da spielt in vielen Fällen

auch der Gedanke mit, dass wir einen weiteren Verlust nicht mehr ertragen könnten. Und dann hat uns das Leben gezeigt, dass nichts sicher ist, dass schreckliche Ereignisse auch uns treffen können und nicht nur die anderen. Das erschüttert auch das Vertrauen in das Leben.
Wie ist das bei dir?

ÜBUNG: AUF DER SUCHE NACH DEM VERTRAUEN

Um anderen Menschen wieder vertrauen zu können, ist es zunächst einmal wichtig, dass du dir selbst wieder vertraust. Suche dir einen ruhigen Platz, nimm eine bequeme Sitzposition ein und schließe deine Augen, wenn du magst. Begib dich auf eine innere Reise durch deinen Körper. Wo in deinem Körper kannst du ein bisschen das Gefühl von Vertrauen finden? Vielleicht ist es klein, vielleicht auch größer. Vielleicht ist es in deinem Bauch oder in deiner Brust. Spüre ganz genau hin. Hat es eine Farbe? Kannst du es in Gedanken vergrößern? Was braucht es, um zu wachsen?
Ich bin mir sicher, dass dein Unterbewusstsein den Weg kennt und dir Bilder schicken wird. Du kannst diese Übung immer wiederholen und damit immer mehr Verbindung zu deinem Inneren und deinem Vertrauen aufbauen.

Hier kannst du aufschreiben,
was du gesehen und entdeckt hast:

Gehört das zu mir oder zu dir?

Oft höre ich, dass Hinterbliebene mit einem Mal Emotionen spüren, die sie vorher gar nicht kannten und von denen sie annehmen, dass diese gar nicht wirklich zu ihnen gehören. Das kann tatsächlich sein. Manchmal übernehmen wir Gefühle vom Verstorbenen, zum Beispiel Ängste. Diese Gefühle können auch schon aus der Zeit vor dem Suizid stammen.

Kennst du das? Dann kann es hilfreich sein, diese Gefühle an den Menschen zurückzugeben, dem sie gehören. Und wenn du das nicht möchtest, kannst du sie einfach ins Universum schicken.

ÜBUNG: MICH VON FREMDEN GEFÜHLEN TRENNEN

Suche dir dafür einen Gegenstand, der stellvertretend für das Gefühl ist. Das kann ein Stein, ein Stück Holz oder Ähnliches sein. Und dann wirfst du diesen Gegenstand weit weg von dir (zum Beispiel ins Meer oder in einen See) und sagst dir innerlich oder auch laut, dass du diese Emotion in Liebe zurückgibst, weil sie nicht dir gehört.

Wie fühlst du dich bei diesem Gedanken?

SUCHTMITTEL UND **Medikamente**

Ich kann verstehen, dass ein Teil von dir den Schmerz und die ständigen Fragen betäuben möchte. Vielleicht spricht nicht so viel gegen ein Glas Wein an dem einen oder anderen Abend und gleichzeitig ist es, wie alles im Leben, eine Frage des richtigen Maßes.

Wir brauchen den Trauerprozess, um uns an ein neues Leben anzupassen, und können ihn nicht einfach wegwischen. Suchtmittel sind häufig eine falsch verstandene Selbstmedikation. Sie kosten einen hohen Preis. Ein Gespräch kann denselben Effekt haben und ist deutlich gesünder. Gerade wenn du schon einmal Schwierigkeiten mit Alkohol, Tabletten oder Drogen hattest, ist es wichtig, dass du andere Wege findest. Die erhoffte Linderung ist zudem meist nur von kurzer Dauer. Danach verschlimmern sich Symptome wie Angst häufig.
Trauer ist keine Krankheit und trotzdem braucht sie manchmal ein bisschen Unterstützung. Dein Arzt oder deine Ärztin kann dich unterstützen, wenn du zum Beispiel unter Schlafstörungen leidest.

Wer kann mir helfen?

Trauer ist keine Krankheit, aber in einigen Fällen kann sie leider krank machen. Häufig kommen in der Trauer bereits vorhandene Krankheitsbilder, wie Depressionen oder Angststörungen, zurück. Auch Traumata treten eventuell wieder an die Oberfläche. Dann ist Hilfe von außen, z.B. durch deine Hausärztin oder einen Therapeuten, auf jeden Fall sinnvoll. Es ist keine Schande, an seine Grenzen zu kommen. Es ist eine Stärke, sich Hilfe zu holen.

Für manche ist es auch eine gute Idee, ein paar Wochen raus aus dem Alltag zu kommen und Platz für die Trauer sowie die vielen Fragen und Emotionen zu haben. Dann kann ein Aufenthalt in einer psychosomatischen Klinik oder einer Reha-Einrichtung hilfreich sein. Einige Kliniken bieten auch den Schwerpunkt Trauer an. Dein Hausarzt kann dich dabei unterstützen, die passende Einrichtung zu finden.

Oder du suchst jemanden, der oder die dich in deiner Trauer begleitet und bestimmte Themen mit dir bespricht. Dafür gibt es viele tolle Trauerbegleiter:innen, die genau das liebevoll und empathisch in Einzelbegleitung tun.
Manche möchten sich mit anderen Betroffenen austauschen. Das ist in Trauer- oder Selbsthilfegruppen möglich. Oftmals werden die Gruppen ausschließlich für Hinterbliebene nach Suizid angeboten. Hier triffst du Menschen, denen etwas Ähnliches wie dir passiert ist. Ihr könnt euch unterstützen und in vielen Fällen entstehen neue Freundschaften. Selbsthilfegruppen werden zumeist von anderen Betroffenen geleitet. Trauergruppen in den meisten Fällen von ausgebildeten Trauerbegleiter:innen, die den Austausch fördern und Übungen anbieten.
Vielleicht kommen bei dir im Laufe deines Trauerprozesses hin und wieder eigene Suizidgedanken auf. Tatsächlich haben Hinterbliebene nach Suizid ein höheres Risiko, sich selbst zu suizidieren. Gerade weil ich das weiß, bitte ich dich von Herzen, dir Hilfe zu holen. Wende dich an deinen Hausarzt, eine Psychotherapeutin oder auch akut an das nächste Krankenhaus. Auch ein Anruf bei der Telefonseelsorge kann dir vielleicht helfen. Die Nummer findest du hinten im Buch.
Ich weiß, wie schmerzhaft die Trauer sein kann und wie viel Verzweiflung sie mit sich bringt, aber ich weiß auch, dass Suizidalität eine Phase ist. Und auch, wenn du es dir vielleicht gar nicht vorstellen kannst: Sie wird vorbeigehen.

Ein Notfall-Koffer

An manchen Tagen oder in manchen Momenten haben wir das Gefühl, dass gar nichts mehr geht und wir von unseren Emotionen und Gedanken überschwemmt werden.

Dann ist eines wichtig: Du *bist* nicht die Emotion und die Gedanken, du *hast* sie. Das kann dir helfen, ein wenig Distanz zu all dem Schwierigen zu finden, was in dir ist.
Die Übungen, die ich dir hier anbiete, helfen dir im Akutfall, Distanz zu deinen Gefühlen zu gewinnen. Schau einfach, welche für dich passen, und die anderen lässt du weg. Die, die passen, kannst du in deinen persönlichen Notfallkoffer legen, sodass du sie immer griffbereit hast, wenn du sie brauchst.

Gerade bei den Visualisierungen kann es sein, dass du sie mehrfach üben musst, damit sie wirken. Doch es lohnt sich auf jeden Fall.

- Schreibe einen Brief an dich, den Verstorbenen oder das Universum. Schreibe ungefiltert alles auf, was dich beschäftigt. Du kannst ihn danach behalten, zerreißen, verbrennen. Was auch immer du möchtest.

- Sprich deine Emotionen und Gedanken an, als wären sie eine Person. Was brauchen sie und was möchten sie dir sagen?

- Stell dir vor, du könntest alles, was dich beschäftigt, in einen Tresor packen und ihn verschließen. Visualisiere das, wissend, dass du den Schlüssel hast und die Dinge wieder rausholen kannst, wenn du es möchtest.

- Begib dich in die Vogelperspektive und schau mit Abstand auf alles, was dich beschäftigt.

- Begib dich in Gedanken an einen Ort, an dem es dir gut geht. Male dir aus, wie es dort aussieht, wie warm es ist, was du hörst etc.

- Stell dir vor, du hast eine Kamera und kannst all deine Gedanken, Bilder und Emotionen wie durch einen Zoom verkleinern.

- Tröste dich selbst: eine kuschelige Decke, eine Umarmung durch dich selbst, liebe Worte an dich, ein warmes Getränk, dein Lieblingsessen.

- Sprinte die Treppen hinauf, beiße in eine Chilischote, um einen anderen Reiz zu setzen, mache Sport oder schreie ganz laut.

- Drehe einem Handtuch den Hals um, boxe oder tritt gegen irgendetwas. Aber pass bitte auf, dass du dich nicht verletzt. Atme vor allem dabei weiter.

- Atme mehrmals tief ein und aus.

- Nimm ein Bad, mache Yoga, meditiere.

- Schenke dir selbst einen Blumenstrauß oder etwas anderes Schönes.

- Rufe jemanden an.

- Frage dich, was der:die Verstorbenen dir jetzt sagen würde.

- Frage dich, was du einem Freund oder einer Freundin jetzt sagen würdest.

- Schlage mit einer Poolnudel oder einer Geschenkpapierrolle auf ein Kissen.

- Höre Musik, die gegebenenfalls auch gegenteilig zu deiner Stimmung ist.

- Spritze dir kaltes Wasser in Gesicht und Nacken.

- Male auf, was du fühlst und denkst, ohne Anspruch und ohne nachzudenken.

- Gehe spazieren.

- Streichle dein Haustier.

- ...

DEIN PERSÖNLICHER NOTFALLKOFFER

Ich bin mir sicher, dass dir noch viele andere Dinge einfallen. Was hast du vor dem Suizid gerne gemacht, was hat dir Kraft gegeben? Was hat dir in Krisen geholfen?
Auf der folgenden Seite ist Platz, um aufzuschreiben, was in deinen persönlichen Notfallkoffer gehört. Hänge dir die Liste zusätzlich an einen gut sichtbaren Ort oder fotografiere sie und speichere sie in deinem Handy. In schwierigen Zeiten vergessen wir diese Anker nämlich häufig. Dann ist es gut, wenn wir daran erinnert werden.

Was muss unbedingt in meinen persönlichen Notfallkoffer?

Leben ist auch eine Entscheidung

Es mag dir unvorstellbar erscheinen, dass das Leben weitergeht und auch wieder schön werden kann. Das kann ich nachvollziehen. Gleichzeitig weiß ich aus eigener Erfahrung, dass es so ist. Manchmal hilft es, das zu hören.

Nach dem Suizid eines geliebten Menschen weiterzuleben und nicht nur zu überleben, ist eine Entscheidung, die dir keiner abnehmen kann. Zum Weiter- und Wiederleben gehört auch, sich gut um sich zu kümmern: regelmäßig essen und trinken, ausreichend Schlaf und vieles mehr.
Du bist der wichtigste Grund, um weiterzuleben! Und sehr wahrscheinlich gibt es auch noch ein paar mehr, zum Beispiel andere Menschen, Tiere etc.
Aufzuschreiben, was dich im Leben hält, ist ein hilfreicher Anker für schlechtere Tage. Und wenn du magst, klebe auch Fotos dazu oder lege sie in dieses Buch.

Wer ist mir in meinem Leben wichtig?
Was hält mich am Leben?
Wodurch spüre ich meine Lebendigkeit?

Wie ist das eigentlich mit dem Verzeihen?

„Der Suizid eines Menschen wird zur Hypothek für eine ganze Familie." In diesem Satz, den ich einmal irgendwo gelesen habe, steckt viel Wahrheit.

Der Suizid deines geliebten Menschen hat dein ganzes Leben und vielleicht auch dein ganzes Weltbild auf den Kopf gestellt. So viele Fragen sind aufgetaucht, so viele schwierige Gefühle begleiten dich – und das, obwohl du kein Mitspracherecht hattest. Vielleicht gibt es einen Teil in dir, der ihm oder ihr das nicht oder noch nicht verzeihen kann. Das ist in Ordnung. Du darfst böse sein, denn das bedeutet nicht, dass du die Person weniger liebst.
Genauso wenig bedeutet verzeihen, etwas ungeschehen zu machen, etwas wegzuwischen oder gar klein zu reden. In meinen Augen ist es eher ein Akzeptieren und Weitergehen in Verbindung mit dem, was geschehen ist. Wann für dich der richtige Zeitpunkt dafür gekommen ist, entscheidest ganz allein du.

Auf jeden Fall wünsche ich dir eines: Dass du dir selbst verzeihst und Mitgefühl mit dir selbst entwickelst, denn mit Vorwürfen dir gegenüber tust du dir sicherlich sehr weh. Außerdem blockierst du mit ihnen deinen Weg zurück in die Lebendigkeit und das Leben. Und du hast es verdient, wieder- und weiterzuleben.

Wirfst du dir noch etwas vor? Was konkret? Wie wäre es, wenn du das nicht mehr tun würdest? Was wäre dann anders? Wie würde es sich anfühlen? Würde etwas fehlen? Was wäre stattdessen da? Wenn du magst, schreibe die Antworten auf diese Fragen einmal auf, zum Beispiel in einem Brief an dich selbst. Am besten, ohne lange nachzudenken.

Das, was du nicht verzeihen willst, darfst du gerne behalten. Es ist wichtig, das anzuerkennen: Das verzeihe ich mir nicht. Dann stell dir die Frage, wofür es gut ist, dass du dir das nicht verzeihst. Meistens hat es einen Sinn und wenn dieser noch gültig ist, dann ist es in Ordnung.

Vielleicht findest du aber auch Worte und Begebenheiten, die du schon lange verziehen hast oder an denen du gar nicht mehr festhalten möchtest. Die darfst du dann, vielleicht auch in diesem Brief oder in einem Abschiedsritual, gehen lassen. Du kannst zum Beispiel einen Stein nehmen, der stellvertretend für deine Vorwürfe steht, und ihn symbolisch ablegen. Tue das ganz bewusst und nimm wahr, was sich verändert.

Das Gleiche kannst du natürlich auch mit all dem tun, was du deinem lieben Verstorbenen vorwirfst.

Und dann möchte ich dir noch einen Gedanken mitgeben: Gibt es etwas, von dem du befürchtest, dass er oder sie es dir nicht verzeiht? In diesem Fall kannst du den Brief aus seiner oder ihrer Sicht schreiben, wenn du das möchtest.

Manchmal sind die Dinge auch eine Frage des Zeitpunktes. Was du heute noch nicht verzeihen möchtest oder kannst, fällt dir ein Jahr später vielleicht ganz leicht.

Integrieren statt loslassen

Manchmal sagen uns Menschen, dass wir den Verstorbenen „loslassen" müssen. Ich habe mich schon immer gefragt, was das eigentlich genau heißt und wie das geht. Loslassen bedeutet ja auch irgendwie, dass etwas weg ist. Und wahrscheinlich möchtest du gar nicht, dass dein geliebter Mensch ganz weg ist. Ich mag den Begriff „integrieren", das heißt, einen Platz im Inneren für den:die Verstorbene:n finden, sodass er oder sie und unsere gemeinsame Zeit einen Raum in unserem weiteren Leben haben. So wird der:die Verstorbene zu einer Art innerem Begleiter, mit dem wir in Liebe verbunden bleiben. Mich erleichtert diese Vorstellung sehr. Wie ist das bei dir?

Ich habe Angst, dich zu vergessen

Bei vielen Hinterbliebenen ist die Angst groß, den geliebten Menschen zu vergessen.

Ich bin mir sicher, dass das niemals geschehen wird, aber natürlich verblassen mit der Zeit einige Erinnerungen. Vielleicht ist es hilfreich für dich, ein Erinnerungsbuch anzulegen. Es gibt einige solcher Bücher zu kaufen. Manche stellen dir viele Fragen, die du beantworten kannst und die dir helfen, deine Erinnerungen festzuhalten. Das kann eine sehr beruhigende Wirkung haben, weil du weißt, dass du alles wieder nachlesen kannst.
Du kannst auch mit den wichtigsten Dingen und Erinnerungen eine Trauerkiste gestalten. Vielleicht auch mit einem Kleidungsstück oder einem Parfum, das dein geliebter Mensch gerne getragen hat. Dann kannst du den Geruch ein bisschen festhalten.
Es gibt sogar Anbieter, bei denen du eure Sprachnachrichten archivieren lassen kannst, um seine oder ihre Stimme immer wieder zu hören. Andere schneidern dir aus Kleidungsstücken deines geliebten Verstorbenen ein Kuscheltier, das dich vielleicht ein bisschen trösten kann.
Vielleicht möchtest du die Erinnerung aber auch ganz einfach in deinem Herzen bewahren. Du allein entscheidest, was für dich passend ist.

Rituale

Rituale können uns bei aller Haltlosigkeit ein wenig Halt geben. Sie beginnen oft schon am Todestag oder bei der Beerdigung. Wir zünden eine Kerze an, hören eine bestimmte Musik, bringen Blumen zum Grab. Rituale verbinden uns mit dem geliebten Menschen und geben uns das Gefühl, etwas tun zu können und nicht allein zu sein.

Sie sind gerade an schwierigen Tagen, wie dem Todes- oder Geburtstag des:der Verstorbenen, hilfreich. Und sie dürfen sich verändern. Behalte sie bitte nur dann bei, wenn du es möchtest.

Hier ein paar Ideen für Rituale:

- einen geschmückten Zweig vom Weihnachtsbaum auf das Grab legen

- eine Kerze anzünden

- einen Wunsch für dich oder den verstorbenen Menschen verbrennen und aufsteigen lassen. (Sogenanntes „Flying Wish Paper" ist dafür besonders gut geeignet, du kannst deinen Wunsch aber auch auf einen ganz normalen Zettel schreiben und anschließend verbrennen.)

- einen Brief oder Tagebuch schreiben

- eine Feier im Gedenken an den geliebten Menschen veranstalten

- einen Baum oder eine Blume pflanzen

- ein bestimmtes Schmuckstück tragen

Welche Rituale sind hilfreich für dich?

ICH MACHE DAS GUT

Der Weg, den du gerade gehst, ist schwierig und schmerzhaft. Manchmal merken wir gar nicht, dass unsere Trauer sich verändert und wie wir dazu beitragen, dass wir auf dem Trauerweg wieder ein Stück weitergekommen sind. Ich bin mir sicher, dass du jeden Tag etwas tust oder jeden Tag etwas passiert, das dir hilft, mit den schwierigen Gefühlen und dem Verlust fertigzuwerden. Damit arbeitest du jeden Tag aktiv an deinem Weiterleben und darauf darfst du stolz sein.

Schreibe dir am Ende eines jeden Tages auf, was du heute erledigt hast und worauf du stolz bist. Nur ein bis zwei Sätze auf kleine Zettel. Sammle diese in einem Gefäß und sieh sie dir immer dann an, wenn du das Gefühl hast, dass sich nichts bewegt.
Siehst du, was du schon alles bewegt hast?
Bist du stolz auf dich?

Den Sinn finden

Der Suizid wird seine Spuren hinterlassen, er wird Bestandteil deines Lebens sein und der geliebte Mensch wird dich in deinem Herzen immer begleiten. In dein altes Leben gibt es kein Zurück mehr. Aber dein neues Leben kann – auch wenn es dir schwerfällt, das zu glauben – wieder schön werden, wenn auch anders.

Und auf diesem Weg darfst du ausprobieren, verwerfen, unsicher sein und weitergehen. Für viele ist es hilfreich, einen Sinn zu finden in dem, was passiert ist. Diesen Sinn kannst nur du allein für dich entdecken. Vielleicht erfüllst du dir einen Lebenstraum, vielleicht änderst du deinen Beruf oder engagierst dich ehrenamtlich.
Was auch immer es ist, ich wünsche dir von Herzen, dass es dich glücklich macht.
Ich weiß, dass es sich vielleicht schlimm anfühlt oder anhört, dennoch schreibe ich voller Überzeugung: Du lebst und das ist gut so. Oft ist es so, dass die Erfahrung des Todes uns deutlich macht, dass auch wir eines Tages sterben werden. Diese Tatsache führt bei vielen Hinterbliebenen dazu, dass sie bewusster leben und genau überlegen, was sie jetzt machen möchten.
Vielleicht fühlt sich das noch weit weg an und du kannst es dir gar nicht vorstellen. Gleichzeitig kann allein der Gedanke daran wie ein Samenkorn sein, aus dem sich mit der Zeit eine Pflanze entwickelt. Vielleicht aber hast du damit schon Erfahrungen gemacht.

Was hat der Verlust deines geliebten Menschen dir gezeigt?

Ich darf wieder glück-lich sein

Darf ich wieder glücklich sein, wo der geliebte Mensch doch gestorben ist und keinen Sinn mehr gesehen hat?

Manchmal braucht es eine Art Erlaubnis dafür. Ich bitte dich von Herzen, erlaube dir, wieder glücklich zu sein und zu lachen. Vielleicht möchtest du ein Kind bekommen, eine:n neuen Partner:in finden, einen neuen Job ausprobieren … Erlaube dir, wieder deine Träume zu leben. Die Trauer und dein geliebter Mensch werden dich immer begleiten und ihren Platz behalten. Alles, was kommt, ist kein Ersatz, eher eine Art Erweiterung deiner Liebe.
Würde dein geliebter Mensch dir die Erlaubnis geben, wieder glücklich zu sein? Was würde er dir sagen? Wenn du es nicht weißt oder denkst, keine Erlaubnis zu bekommen, dann gib sie dir selbst.

Was ist mein Herzenswunsch?
Was würde mich glücklich machen?

Das ist mir noch wichtig

Auf der nächsten Doppelseite ist Platz für all das, was du noch aufschreiben, loswerden, einkleben oder malen möchtest. Wenn der Platz nicht ausreicht, nimm dir zusätzliche Zettel und lege sie anschließend einfach in das Buch ein.

Du kannst deinem:deiner lieben Verstorbenen auch einen Brief schreiben, mit allem, was du noch sagen möchtest. Oder du schreibst dir selbst einen positiven und bestärkenden Brief. Du entscheidest, was du tun möchtest.

HIER IST PLATZ ZUM SCHREIBEN, ZEICHNEN UND GESTALTEN

Ein paar Worte zum Schluss

Hier endet dieses Büchlein und es endet doch nicht. Du kannst es jederzeit wieder zur Hand nehmen, etwas verändern oder neu machen.
Ich weiß, dass es ein schwieriger und schmerzhafter Weg ist, den du gehst, und ich bitte dich, liebevoll und nachsichtig mit dir selbst zu sein.
Von Herzen danke ich dir, dass ich dich ein Stück begleiten durfte. Ich wünsche dir auf deinem weiteren Weg auch heitere und leichte Momente, schöne Erinnerungen und berührende neue Begegnungen in dem Wissen, dass der geliebte Mensch in deinem Herzen immer bei dir ist.

ALLES LIEBE,
DEINE Natalie

Hilfreiche Adressen

Die **Telefonseelsorge Deutschland** ist rund um die Uhr und an allen Tagen erreichbar. Hier kannst du anonym und kostenfrei Menschen finden, die dir zuhören. Erreichbar ist die Telefonseelsorge unter **0800 111 0 111** oder **0800 111 0 222** oder **0800 116 123**.

Du möchtest lieber schreiben? Das ist unter **https://www.telefonseelsorge.de** per Mail oder im Chat möglich. In einigen Städten gibt es sogar Beratungen vor Ort. Wo genau, das kannst du hier nachsehen: **www.telefonseelsorge.de**

Wenn es dir akut nicht gut geht und du sogar Suizidgedanken hast, dann wende dich an die **Notfallambulanz** eines jeden Krankenhauses. Hier findest du Tag und Nacht Hilfe.

Adressen geeigneter **Therapeut:innen** können dir dein Hausarzt oder deine Krankenkasse geben.

Trauerbegleiter:innen sind Menschen, die sich mit Trauerprozessen gut auskennen und dich auf deinem Weg begleiten können. Hier kannst du alles ansprechen, was dir auf der Seele liegt – Schönes und Schweres. Regionale Adressen findest du im Internet.

Die meisten **Kirchen und Glaubensgemeinschaften** haben Seelsorger:innen, die gerne für hilfreiche Gespräche zur Verfügung stehen. Bitte erkundige dich bei deiner Gemeinde.

Für viele Menschen ist es hilfreich, mit anderen Betroffenen zu sprechen und sich auszutauschen. Das kannst du in **Selbsthilfegruppen**, **Trauergruppen** oder **Trauercafés** tun. Unter **www.trauergruppen.de** findest du überregionale Angebote.

Außerdem findest du Informationen und Unterstützung bei folgenden überregionalen Vereinen und Verbänden:
Bundesverband Verwaiste Eltern und trauernde Geschwister e.V.:
https://www.veid.de
AGUS – Angehörige um Suizid:
https://www.agus-selbsthilfe.de
Bundesverband Trauerbegleitung e.V.:
https://bv-trauerbegleitung.de
Für Menschen, die jung ihre:n Partner:in verloren haben:
https://www.verwitwet.de

Im Internet findest du viele regionale Angebote sowie die Kontakt- und Informationsstelle für Selbsthilfegruppen (KISS) in deiner Region.

WELTSUIZIDPRÄVENTIONSTAG Am 10. September eines jeden Jahres findet seit 2003 der Welttag der Suizidprävention statt. An vielen Orten gibt es Veranstaltungen aus den Bereichen Suizidprävention und Hilfe für Hinterbliebene, wie zum Beispiel Ausstellungen, Gedenkgottesdienste etc. Es kann hilfreich sein, auf andere Betroffene zu treffen und mit Vertreter:innen von Hilfsorganisationen ins Gespräch zu kommen. Weitere Informationen findest du im Internet.

Die Autorin

Natalie Katia Greve arbeitete 13 Jahre als Führungskraft im Bereich Tourismus und Mediawesen. Nach dem Suizid ihres Verlobten entschloss sie sich, ihr berufliches Leben komplett zu verändern und ihrer Leidenschaft, der Begleitung von Menschen in Veränderungsprozessen, zu folgen. Heute ist sie als Business Coach, Heilpraktikerin für Psychotherapie und Trauerbegleiterin erfolgreich selbstständig. Neben Führungskräfte-, Mitarbeiter,- Team- und Persönlichkeitsentwicklung liegt ihr Schwerpunkt auf betrieblicher Trauerbegleitung, Krisenmanagement, Umgang mit psychisch beanspruchten Mitarbeitern und Seminaren rund um das Thema Trauer auch nach Suizid. 2015 gründete sie mit einer Kollegin „Vergiss mein nicht – Trauer Leben", wo sie Trauerbegleitung gerade für Suizidhinterbliebene vor allem in geführten Jahresgruppen anbietet.

https://www.natalie-katia-greve.de
www.vergissmeinnicht-trauer.de

VERLAGSGRUPPE PATMOS

PATMOS
ESCHBACH
GRÜNEWALD
THORBECKE
SCHWABEN
VER SACRUM

Die Verlagsgruppe
mit Sinn für das Leben

QUELLEN FÜR DIE IM BUCH GENANNTEN FAKTEN UND ZAHLEN ZU SUIZID:

Statistisches Bundesamt: www.destatis.de
Deutsche Depressionshilfe:
https://www.deutsche-depressionshilfe.de/
Deutsche Gesellschaft für Suizidprävention:
https://www.suizidprophylaxe.de/
Freunde fürs Leben: https://www.frnd.de/

Für die Verlagsgruppe Patmos ist Nachhaltigkeit
ein wichtiger Maßstab ihres Handelns. Wir achten daher auf den
Einsatz umweltschonender Ressourcen und Materialien.

Verlagsgruppe Patmos in der
Schwabenverlag AG, Ostfildern
www.patmos.de

Umschlaggestaltung: Finken & Bumiller, Stuttgart
Innengestaltung: Saskia Bannasch
Druck: Finidr s.r.o., Český Těšín
Hergestellt in Tschechien
ISBN 978-3-8436-1318-7